《公路水运工程质量监督管理规定》
宣贯读本

交通运输部安全与质量监督管理司

人民交通出版社股份有限公司
China Communications Press Co.,Ltd.

图书在版编目(CIP)数据

《公路水运工程质量监督管理规定》宣贯读本／交通运输部安全与质量监督管理司主编． — 北京：人民交通出版社股份有限公司，2019.1
ISBN 978-7-114-15199-6

Ⅰ．①公… Ⅱ．①交… Ⅲ．①道路工程—工程质量监督—中国—学习参考资料②航道工程—工程质量监督—中国—学习参考资料 Ⅳ．①U415.12②U615.1

中国版本图书馆 CIP 数据核字(2018)第 279188 号

Gonglu Shuiyun Gongcheng Zhiliang Jiandu Guanli Guiding Xuanguan Duben

书　　名：	《公路水运工程质量监督管理规定》宣贯读本
著　作　者：	交通运输部安全与质量监督管理司
责任编辑：	李　沛
责任校对：	刘　芹
责任印制：	张　凯
出版发行：	人民交通出版社股份有限公司
地　　址：	(100011)北京市朝阳区安定门外外馆斜街 3 号
网　　址：	http://www.ccpress.com.cn
销售电话：	(010)59757973
总　经　销：	人民交通出版社股份有限公司发行部
经　　销：	各地新华书店
印　　刷：	中国电影出版社印刷厂
开　　本：	720×960　1/16
印　　张：	7.5
字　　数：	139 千
版　　次：	2019 年 1 月　第 1 版
印　　次：	2019 年 1 月　第 1 次印刷
书　　号：	ISBN 978-7-114-15199-6
定　　价：	45.00 元

(有印刷、装订质量问题的图书，由本公司负责调换)

出版说明

质量问题是我国经济社会发展的重大战略问题。近年来,党中央、国务院制定实施了一系列政策措施,质量发展的社会环境稳步改善,基本形成了中国特色的质量发展之路。党的十九大报告提出"交通强国""质量强国""制造强国"等一系列重大部署,习近平总书记作出了"实现中国制造向中国创造转变、中国速度向中国质量转变、中国产品向中国品牌转变"等一系列重要指示。2017年9月《中共中央国务院关于开展质量提升行动的指导意见》印发,指出"迫切需要下最大气力抓全面提高质量,推动我国经济发展进入质量时代"。

与此同时,公路水运工程建设任务日益繁重、建设与管理模式不断创新,经济社会发展对质量工作的要求越来越高,公路水运工程质量监督管理工作面临着转变政府职能、强化事中事后监管,以及转变发展方式、突出节能环保和安全发展理念的新常态,质量监管理念、方式和手段等都要相应丰富、完善和调整,亟待将质量监管工作新经验上升到法律制度层面,改变目前立法零星化、碎片化的状况。2017年8月,交通运输部对现行3部规章进行整合修订,形成新的《公路水运工程质量监督管理规定》(交通运输部令2017年第28号),为加强质量监管,全面提升公路水运工程质量提供法律依据。

为了配合修订后的《公路水运工程质量监督管理规定》(以下简称部令)学习宣贯,帮助读者准确把握部令的立法原意,全面理解部令条文规定的具体要求,保障部令贯彻落实,交通运输部安全与质量监督管理司组织参与修订工作的同志编写了这本书,并收集了近年来出台的有关质量安全的法律法规,以及主要政策和行业规范性文件,供大家学习参考。

本书中释义的主要内容都是编写者为方便读者阅读、理解而编写的,不同于国家正式通过、颁布的法律法规文本,不具有法律效力。本书在编写过程中,参考《〈公路水运工程安全生产监督管理办法〉宣贯读本》的编写体例,并得到了各级交通运输主管部门、质监机构等行业领导和业内专家的指导帮助,在此一并表示衷心的感谢。同时,由于时间仓促,水平有限,书中难免存在错误和疏漏之处,敬请读者批评指正。

本书主要编写人员: 翁优灵　尹　平　吉小军　高学华　王华夏　王程兵
　　　　　　　　　丁　涛　汪　慧

交通运输部安全与质量监督管理司

2018 年 11 月

目 录

第1部分　公路水运工程质量监督管理规定 …………………………………… 1
第2部分　《公路水运工程质量监督管理规定》修订说明 …………………… 13
第3部分　《公路水运工程质量监督管理规定》条文释义 …………………… 19
附件A　有关质量法律法规 …………………………………………………… 57
　A.1　中华人民共和国公路法(节选) ……………………………………… 59
　A.2　中华人民共和国航道法(节选) ……………………………………… 61
　A.3　中华人民共和国港口法(节选) ……………………………………… 63
　A.4　建设工程质量管理条例(节选) ……………………………………… 65
　A.5　建设工程勘察设计管理条例(节选) ………………………………… 69
　A.6　公路建设监督管理办法(节选) ……………………………………… 71
附件B　有关质量主要政策及行业规范性文件 ……………………………… 75
　B.1　中共中央　国务院关于开展质量提升行动的指导意见 …………… 77
　B.2　国务院办公厅关于促进建筑业持续健康发展的意见 ……………… 87
　B.3　交通运输部关于进一步加强公路项目建设单位管理的若干意见 …… 93
　B.4　交通运输部关于加强公路水运工程质量和安全管理工作的
　　　 若干意见 ……………………………………………………………… 98
　B.5　交通运输部关于深化公路建设管理体制改革的若干意见 ………… 102
　B.6　交通运输部办公厅关于加强公路水运工程质量安全监督
　　　 管理工作的指导意见 ………………………………………………… 108

第1部分

公路水运工程质量监督管理规定

公路水运工程质量监督管理规定

(中华人民共和国交通运输部令 2017 年第 28 号)

《公路水运工程质量监督管理规定》已于 2017 年 8 月 29 日经第 14 次部务会议通过,现予公布,自 2017 年 12 月 1 日起施行。

部长　李小鹏
2017 年 9 月 4 日

公路水运工程质量监督管理规定

第一章 总 则

第一条 为了加强公路水运工程质量监督管理,保证工程质量,根据《中华人民共和国公路法》《中华人民共和国港口法》《中华人民共和国航道法》《建设工程质量管理条例》等法律、行政法规,制定本规定。

第二条 公路水运工程质量监督管理,适用本规定。

第三条 本规定所称公路水运工程,是指经依法审批、核准或者备案的公路、水运基础设施的新建、改建、扩建等建设项目。

本规定所称公路水运工程质量,是指有关公路水运工程建设的法律、法规、规章、技术标准、经批准的设计文件以及工程合同对建设公路水运工程的安全、适用、经济、美观等特性的综合要求。

本规定所称从业单位,是指从事公路、水运工程建设、勘察、设计、施工、监理、试验检测等业务活动的单位。

第四条 交通运输部负责全国公路水运工程质量监督管理工作。交通运输部长江航务管理局按照规定的职责对长江干线航道工程质量监督管理。

县级以上地方人民政府交通运输主管部门按照规定的职责负责本行政区域内的公路水运工程质量监督管理工作。

公路水运工程质量监督管理,可以由交通运输主管部门委托的建设工程质量监督机构具体实施。

第五条 交通运输主管部门应当制定完善公路水运工程质量监督管理制度、政策措施,依法加强质量监督管理,提高质量监督管理水平。

第六条 公路水运工程建设领域鼓励和支持质量管理新理念、新技术、新方法的推广应用。

第二章 质量管理责任和义务

第七条 从业单位应当建立健全工程质量保证体系,制定质量管理制度,强化工程质量管理措施,完善工程质量目标保障机制。

公路水运工程施行质量责任终身制。建设、勘察、设计、施工、监理等单位应当书面明确相应的项目负责人和质量负责人。从业单位的相关人员按照国家法律法规和有关规定在工程合理使用年限内承担相应的质量责任。

第八条 建设单位对工程质量负管理责任,应当科学组织管理,落实国家法律、法规、工程建设强制性标准的规定,严格执行国家有关工程建设管理程序,建立健全项目管理责任机制,完善工程项目管理制度,严格落实质量责任制。

第九条 建设单位应当与勘察、设计、施工、监理等单位在合同中明确工程质量目标、质量管理责任和要求,加强对涉及质量的关键人员、施工设备等方面的合同履约管理,组织开展质量检查,督促有关单位及时整改质量问题。

第十条 勘察、设计单位对勘察、设计质量负责,应当按照有关规定、强制性标准进行勘察、设计,保证勘察、设计工作深度和质量。勘察单位提供的勘察成果文件应当满足工程设计的需要。设计单位应当根据勘察成果文件进行工程设计。

第十一条 设计单位应当按照相关规定,做好设计交底、设计变更和后续服务工作,保障设计意图在施工中得以贯彻落实,及时处理施工中与设计相关的质量技术问题。

第十二条 公路水运工程交工验收前,设计单位应当对工程建设内容是否满足设计要求、是否达到使用功能等方面进行综合检查和分析评价,向建设单位出具工程设计符合性评价意见。

第十三条 施工单位对工程施工质量负责,应当按合同约定设立现场质量管理机构、配备工程技术人员和质量管理人员,落实工程施工质量责任制。

第十四条 施工单位应当严格按照工程设计图纸、施工技术标准和合同约定施工,对原材料、混合料、构配件、工程实体、机电设备等进行检验;按规定施行班组自检、工序交接检、专职质检员检验的质量控制程序;对分项工程、分部工程和单位工程进行质量自评。检验或者自评不合格的,不得进入下道工序或者投入使用。

第十五条 施工单位应当加强施工过程质量控制,并形成完整、可追溯的施工质量管理资料,主体工程的隐蔽部位施工还应当保留影像资料。对施工中出现的质量问题或者验收不合格的工程,应当负责返工处理;对在保修范围和保修期限内发生质量问题的工程,应当履行保修义务。

第十六条 勘察、设计、施工单位应当依法规范分包行为,并对各自承担的工程质量负总责,分包单位对分包合同范围内的工程质量负责。

第十七条 监理单位对施工质量负监理责任,应当按合同约定设立现场监理机构,按规定程序和标准进行工程质量检查、检测和验收,对发现的质量问题及时督促整改,不得降低工程质量标准。

公路水运工程交工验收前,监理单位应当根据有关标准和规范要求对工程质量进行检查验证,编制工程质量评定或者评估报告,并提交建设单位。

第十八条 施工、监理单位应当按照合同约定设立工地临时试验室,严格按照工程技术标准、检测规范和规程,在核定的试验检测参数范围内开展试验检测活动。

施工、监理单位应当对其设立的工地临时试验室所出具的试验检测数据和报告的真实性、客观性、准确性负责。

第十九条 材料和设备的供应单位应当按照有关规定和合同约定对其产品或者服务质量负责。

第三章 监 督 管 理

第二十条 公路水运工程实行质量监督管理制度。

交通运输主管部门及其委托的建设工程质量监督机构应当依据法律、法规和强制性标准等,科学、规范、公正地开展公路水运工程质量监督管理工作。任何单位和个人不得非法干预或者阻挠质量监督管理工作。

第二十一条 交通运输主管部门委托的建设工程质量监督机构应当满足以下基本条件:

(一)从事质量监督管理工作的专业技术人员数量不少于本单位职工总数的70%,且专业结构配置合理,满足质量监督管理工作需要,从事现场执法的人员应当按规定取得行政执法证件;

(二)具备开展质量监督管理的工作条件,按照有关装备标准配备质量监督检查所必要的检测设备、执法装备等;

(三)建立健全质量监督管理制度和工作机制,落实监督管理工作责任,加强业务培训。

质量监督管理工作经费应当由交通运输主管部门按照国家规定协调有关部门纳入同级财政预算予以保障。

第二十二条 交通运输主管部门或者其委托的建设工程质量监督机构依法要求建设单位按规定办理质量监督手续。

建设单位应当按照国家规定向交通运输主管部门或者其委托的建设工程质量监督机构提交以下材料,办理工程质量监督手续:

（一）公路水运工程质量监督管理登记表；

（二）交通运输主管部门批复的施工图设计文件；

（三）施工、监理合同及招投标文件；

（四）建设单位现场管理机构、人员、质量保证体系等文件；

（五）本单位以及勘察、设计、施工、监理、试验检测等单位对其项目负责人、质量负责人的书面授权委托书、质量保证体系等文件；

（六）依法要求提供的其他相关材料。

第二十三条 建设单位提交的材料符合规定的，交通运输主管部门或者其委托的建设工程质量监督机构应当在15个工作日内为其办理工程质量监督手续，出具公路水运工程质量监督管理受理通知书。

公路水运工程质量监督管理受理通知书中应当明确监督人员、内容和方式等。

第二十四条 建设单位在办理工程质量监督手续后、工程开工前，应当按照国家有关规定办理施工许可或者开工备案手续。

交通运输主管部门或者其委托的建设工程质量监督机构应当自建设单位办理完成施工许可或者开工备案手续之日起，至工程竣工验收完成之日止，依法开展公路水运工程建设的质量监督管理工作。

第二十五条 公路水运工程交工验收前，建设单位应当组织对工程质量是否合格进行检测，出具交工验收质量检测报告，连同设计单位出具的工程设计符合性评价意见、监理单位提交的工程质量评定或者评估报告一并提交交通运输主管部门委托的建设工程质量监督机构。

交通运输主管部门委托的建设工程质量监督机构应当对建设单位提交的报告材料进行审核，并对工程质量进行验证性检测，出具工程交工质量核验意见。

工程交工质量核验意见应当包括交工验收质量检测工作组织、质量评定或者评估程序执行、监督管理过程中发现的质量问题整改以及工程质量验证性检测结果等情况。

第二十六条 公路水运工程竣工验收前，交通运输主管部门委托的建设工程质量监督机构应当根据交通运输主管部门拟定的验收工作计划，组织对工程质量进行复测，并出具项目工程质量鉴定报告，明确工程质量水平；同时出具项目工程质量监督管理工作报告，对项目建设期质量监督管理工作进行全面总结。

工程质量鉴定报告应当以工程交工质量核验意见为参考，包括交工遗留问题和试运行期间出现的质量问题及整改、是否存在影响工程正常使用的质量缺陷、工程质量用户满意度调查及工程质量复测和鉴定结论等情况。

交通运输主管部门委托的建设工程质量监督机构应当将项目工程质量鉴定报

告和项目工程质量监督管理工作报告提交负责组织竣工验收的交通运输主管部门。

第二十七条 交通运输主管部门委托的建设工程质量监督机构具备相应检测能力的，可以自行对工程质量进行检测；不具备相应检测能力的，可以委托具有相应能力等级的第三方试验检测机构负责相应检测工作。委托试验检测机构开展检测工作的，应当遵守政府采购有关法律法规的要求。

第二十八条 交通运输主管部门或者其委托的建设工程质量监督机构可以采取随机抽查、备案核查、专项督查等方式对从业单位实施监督检查。

公路水运工程质量监督管理工作实行项目监督责任制，可以明确专人或者设立工程项目质量监督组，实施项目质量监督管理工作。

第二十九条 交通运输主管部门或者其委托的建设工程质量监督机构应当制定年度工程质量监督检查计划，确定检查内容、方式、频次以及有关要求等。监督检查的内容主要包括：

（一）从业单位对工程质量法律、法规的执行情况；

（二）从业单位对公路水运工程建设强制性标准的执行情况；

（三）从业单位质量责任落实及质量保证体系运行情况；

（四）主要工程材料、构配件的质量情况；

（五）主体结构工程实体质量等情况。

第三十条 实施监督检查时，应当有 2 名以上人员参加，并出示有效执法证件。检查人员对涉及被检查单位的技术秘密和商业秘密，应当为其保密。

第三十一条 监督检查过程中，检查人员发现质量问题的，应当当场提出检查意见并做好记录。质量问题较为严重的，检查人员应当将检查时间、地点、内容、主要问题及处理意见形成书面记录，并由检查人员和被检查单位现场负责人签字。被检查单位现场负责人拒绝签字的，检查人员应当将情况记录在案。

第三十二条 交通运输主管部门或者其委托的建设工程质量监督机构履行监督检查职责时，有权采取下列措施：

（一）进入被检查单位和施工现场进行检查；

（二）询问被检查单位工作人员，要求其说明有关情况；

（三）要求被检查单位提供有关工程质量的文件和材料；

（四）对工程材料、构配件、工程实体质量进行抽样检测；

（五）对发现的质量问题，责令改正，视情节依法对责任单位采取通报批评、罚款、停工整顿等处理措施。

第三十三条 从业单位及其工作人员应当主动接受、配合交通运输主管部门或者其委托的建设工程质量监督机构的监督检查,不得拒绝或者阻碍。

第三十四条 公路水运工程发生质量事故,建设、施工单位应当按照交通运输部制定的公路水运建设工程质量事故等级划分和报告制度,及时、如实报告。交通运输主管部门或者其委托的建设工程质量监督机构接到事故报告后,应当按有关规定上报事故情况,并及时组织事故抢救,组织或者参与事故调查。

第三十五条 任何单位和个人都有权如实向交通运输主管部门及其委托的建设工程质量监督机构举报、投诉工程质量事故和质量问题。

第三十六条 交通运输主管部门应当加强对工程质量数据的统计分析,建立健全质量动态信息发布和质量问题预警机制。

第三十七条 交通运输主管部门应当完善公路水运工程质量信用档案,健全质量信用评价体系,加强对公路水运工程质量的信用评价管理,并按规定将有关信用信息纳入交通运输和相关统一信用信息共享平台。

第三十八条 交通运输主管部门应当健全违法违规信息公开制度,将从业单位及其人员的失信行为、举报投诉并被查实的质量问题、发生的质量事故、监督检查结果等情况,依法向社会公开。

第四章 法律责任

第三十九条 违反本规定第十条规定,勘察、设计单位未按照工程建设强制性标准进行勘察、设计的,设计单位未根据勘察成果文件进行工程设计的,依照《建设工程质量管理条例》第六十三条规定,责令改正,按以下标准处以罚款;造成质量事故的,责令停工整顿:

(一)工程尚未开工建设的,处10万元以上20万元以下的罚款;

(二)工程已开工建设的,处20万元以上30万元以下的罚款。

第四十条 违反本规定第十四条规定,施工单位不按照工程设计图纸或者施工技术标准施工的,依照《建设工程质量管理条例》第六十四条规定,责令改正,按以下标准处以罚款;情节严重的,责令停工整顿:

(一)未造成工程质量事故的,处所涉及单位工程合同价款2%的罚款;

(二)造成工程质量一般事故的,处所涉及单位工程合同价款2%以上3%以下的罚款;

(三)造成工程质量较大及以上等级事故的,处所涉及单位工程合同价款3%以上4%以下的罚款。

第四十一条 违反本规定第十四条规定,施工单位未按规定对原材料、混合料、构配件等进行检验的,依照《建设工程质量管理条例》第六十五条规定,责令改正,按以下标准处以罚款;情节严重的,责令停工整顿:

(一)未造成工程质量事故的,处10万元以上15万元以下的罚款;

(二)造成工程质量事故的,处15万元以上20万元以下的罚款。

第四十二条 违反本规定第十五条规定,施工单位对施工中出现的质量问题或者验收不合格的工程,未进行返工处理或者拖延返工处理的,责令改正,处1万元以上3万元以下的罚款。

施工单位对保修范围和保修期限内发生质量问题的工程,不履行保修义务或者拖延履行保修义务的,依照《建设工程质量管理条例》第六十六条规定,责令改正,按以下标准处以罚款:

(一)未造成工程质量事故的,处10万元以上15万元以下的罚款;

(二)造成工程质量事故的,处15万元以上20万元以下的罚款。

第四十三条 违反本规定第十七条规定,监理单位在监理工作中弄虚作假、降低工程质量的,或者将不合格的建设工程、建筑材料、建筑构配件和设备按照合格签字的,依照《建设工程质量管理条例》第六十七条规定,责令改正,按以下标准处以罚款,降低资质等级或者吊销资质证书;有违法所得的,予以没收:

(一)未造成工程质量事故的,处50万元以上60万元以下的罚款;

(二)造成工程质量一般事故的,处60万元以上70万元以下的罚款;

(三)造成工程质量较大事故的,处70万元以上80万元以下的罚款;

(四)造成工程质量重大及以上等级事故的,处80万元以上100万元以下的罚款。

第四十四条 违反本规定第十八条规定,设立工地临时试验室的单位弄虚作假、出具虚假数据报告的,责令改正,处1万元以上3万元以下的罚款。

第四十五条 违反本规定第二十二条规定,建设单位未按照规定办理工程质量监督手续的,依照《建设工程质量管理条例》第五十六条规定,责令改正,按以下标准处以罚款:

(一)未造成工程质量事故的,处20万元以上30万元以下的罚款;

(二)造成工程质量一般事故的,处30万元以上40万元以下的罚款;

(三)造成工程质量较大及以上等级事故的,处40万元以上50万元以下的罚款。

第四十六条 依照《建设工程质量管理条例》规定给予单位罚款处罚的,对单位直接负责的主管人员和其他直接责任人员处单位罚款数额5%以上10%以下的罚款。

第四十七条 交通运输主管部门及其委托的建设工程质量监督机构的工作人员在监督管理工作中玩忽职守、滥用职权、徇私舞弊的,依法给予处分;构成犯罪的,依法追究刑事责任。

第五章 附 则

第四十八条 乡道、村道工程建设的质量监督管理参照本规定执行。

第四十九条 本规定自2017年12月1日起施行。交通部于1999年2月24日发布的《公路工程质量管理办法》(交公路发〔1999〕90号)、2000年6月7日发布的《水运工程质量监督规定》(交通部令2000年第3号)和2005年5月8日发布的《公路工程质量监督规定》(交通部令2005年第4号)同时废止。

第 2 部分

《公路水运工程质量监督管理规定》修订说明

2017年9月4日,交通运输部发布了《公路水运工程质量监督管理规定》(以下简称《规定》),自2017年12月1日起施行。为便于交通运输主管部门、有关市场主体更好地理解《规定》的相关内容,切实做好贯彻实施工作,现就《规定》修订背景、主要内容、主要特点及有关要求等解读如下。

一、修订背景

自1999年以来,交通运输部在公路水运工程质量监督管理方面先后出台了3部规章,分别是1999年《公路工程质量管理办法》(交公路发〔1999〕90号)、2000年《水运工程质量监督规定》(交通部令2000年第3号)和2005年《公路工程质量监督规定》(交通部令2005年第4号),对加强质量监管工作发挥了重要作用。近年来,公路水运工程建设任务日益繁重、建设与管理模式不断创新,经济社会发展对质量工作的要求越来越高,公路水运工程质量监督管理工作面临着转变政府职能和强化事中事后监管,以及转变发展方式、突出节能环保和安全发展理念的新常态,质量监管方式、手段等都要相应丰富、完善和调整,将监管工作新经验上升到制度层面,对不合时宜的方式方法作出调整。此外,目前立法零星化、碎片化的状况亟需改变。因此,有必要对现行的3部规章进行全面修订整合,形成新的《规定》。

二、主要内容

《规定》共五章49条,分别为总则、质量管理责任和义务、监督管理、法律责任、附则。主要内容是:

一是明确了部与长航局及各级交通运输主管部门在公路水运工程质量监督管理上的职责分工。在部级层面,《规定》第四条第一款规定:"交通运输部负责全国公路水运工程质量监督管理工作。"同时根据中编办关于长航局的职责规定,规定部长江航务管理局按照规定的职责对长江干线航道工程质量监督管理。在地方层面,《规定》明确县级以上地方人民政府交通运输主管部门按照规定的职责负责本行政区域内的公路水运工程质量监督管理工作。考虑到当前质量监督工作实际,根据《建设工程质量管理条例》中相关规定,《规定》明确,公路水运工程质量监督管理,可以由交通运输主管部门委托的建设工程质量监督机构具体实施。

二是明确了各从业单位在质量管理方面的责任和义务,切实做到参建单位质量管理责任明确,责任可落实、可追究。《规定》在要求从业单位建立健全工程质量保证体系,制定质量管理制度,强化工程质量管理措施,完善工程质量目标保障机制的基础上,设专章逐条规定了各单位质量管理责任。规定建设单位对工程质量负管理责任,勘察、设计单位对勘察、设计质量负责,施工单位对工程施工质量负责,监理单位对施工质量负监理责任。《规定》还要求勘察、设计、施工单位应当依法、严格规范分包行为,并对各自承担的工程质量负总责,分包单位对分包合同范围内的工程质量负责;材料和设备的供应单位应当按照有关规定和合同约定对其产品或者服务质量负责。

三是细化了公路水运工程质量监督管理的具体环节和内容。《规定》明确了公路水运工程实行质量监督管理制度及监管期限,即质量监管部门应当自建设单位办理完成施工许可或者开工备案手续之日起,至工程竣工验收完成之日止,依法开展公路水运工程建设的质量监督管理工作。这样规定,主要是明确质量监管部门实施监督管理工作的时间界面。建设单位办理完成施工许可或者开工备案手续后,即具备了合法开工的条件,此时质量监管部门应当依法开始对工程建设质量实施监管;未办理施工许可或者开工备案手续的违法开工工程,有关部门应当依法责令停止施工,质量监管部门不对其质量实施监管。工程竣工验收完成后,建设期间的质量监督管理工作任务结束,即进入运营维护期,由运营部门对运维阶段的质量负责。这样规定一方面明确了质量监管部门的监管责任期间,督促监管人员在该期间内严格履行监管职责;另一方面并不意味着工程完成验收、交付使用后发生事故,质量监管部门就不用承担责任。如果事故是质量监管部门在监管期间履职不当导致的,仍然要承担相应责任。《规定》同时明确了从施工到验收各环节从业单位特别是建设单位的质量管理以及监管部门的检测检查义务,切实落实从业单位质量管理和政府质量监管责任,保障工程建设质量。

四是强化了对违法人员的信用管理,充分发挥信用管理在加强公路水运工程质量监督管理中的作用。《规定》要求质量监管部门应当完善公路水运工程质量信用档案,健全质量信用评价体系,加强对公路水运工程质量的信用评价管理,并按规定将有关信用信息纳入交通运输和相关统一信用信息共享平台;应当健全违法违规信息公开制度,将从业单位及其人员的失信行为、举报投诉并被查实的质量问题、发生的质量事故、监督检查结果等情况,依法向社会公开。

三、主要特点

《规定》在修订中,注意处理好继承与创新、公路与水运、监督与管理、宏观指导与微观措施的关系,与目前施行的规定相比,主要有五个方面的修订,具体如下:

一是整合监督管理资源,提高监督管理效率。根据《建设工程质量管理条例》(国务院令2000年第279号)精神,公路水运工程实行质量监督管理制度。基于公路和水运工程质量监督管理的主体、基本工程建设程序和工程建设规律基本相同的特点,将原公路和水运工程中涉及质量监督管理的《公路工程质量管理办法》《公路工程质量监督规定》和《水运工程质量监督规定》,以及分散在部先后出台的工程质量监督管理文件中的有关要求,合并修订为一个规定,即《公路水运工程质量监督管理规定》。这样,从顶层设计就注意避免政出多门、标准不一,方便基层,切实做好质量监督管理工作。

二是突出质量主体和监管责任,加强工程质量管理。工程质量在设计既定的前提下,其优劣水平主要取决于"干"与"管"的水平。加强工程质量管理,要全面落实工程质量责任。按照"明确责任、落实责任、追究责任"的原则,在明晰工程建设质量责任界定上,进一步强化建设单位的管理责任,也就是首要责任,以及勘察、设计、施工单位的主体责任;在落实质量管理的措施上,实行质量责任终身制,相关人员依法在工程合理使用年限内承担质量责任。在施工质量过程控制上,强调按规定施行班组自检、工序交接检、专职质检员检验的质量控制程序,强化施工单位主体责任落实。同时要求公路水运工程质量监督机构,要严格依法、科学、规范、公正地开展质量监督管理,质量监管工作实行项目监督责任制,可以明确专人或者设立工程项目质量监督组,实施项目质量监督管理工作。

三是坚持依法监管,规范监督管理行为。强化政府对工程质量的监督管理,加强工程质量监督队伍建设。一是交通运输主管部门或者其委托的质监机构应当制定年度工程质量监督检查计划,确定检查内容、方式、频次以及有关要求等。在质量监督中,质监机构可以采用随机抽查、备案核查和专项督查等方式对从业单位实施监督检查。二是提出了质量监督机构应满足的基本条件,质监机构履行职能所需经费按照国家规定纳入同级财政预算予以保障。在工程质量检测方面,质监机构具备相应检测能力的,可以自行对工程质量进行检测,不具备相应检测能力的,可以通过政府购买服务的方式,委托具备条件的第三方试验检测机构进行工程质量检测。三是规定了在履行监督检查职责时,质量监督机构有权依法采取的有效措施。

四是完善工程质量评价机制,提升工程质量水平。一是理顺交工验收工作。交工验收工作由建设单位负责。交工验收前,建设单位应当组织对工程质量是否合格进行检测,出具交工验收质量检测报告;设计单位出具工程设计符合性评价意见;监理单位出具工程质量评定(评估)报告。在此基础上,质监机构组织进行核验,并出具工程交工核验意见。二是推行工程质量综合评价。竣工验收由交通运输主管部门负责。在竣工验收这个关键环节,通过工程建设、设计、施工和监理各方责任主体的自评、相关方的互评以及通过工程质量用户满意度调查评价,形成对建设项目工程质量水平的综合评价。质监机构在交工核验意见的基础上,根据以上评价情况和对工程质量复检情况,出具工程质量鉴定报告。充分体现了深化"放管服"改革,切实加强事中事后监督管理的要求。

五是立足宏观指导,注重问题导向。《规定》将工程质量监督管理主体定位是交通运输主管部门,在修订思路上,考虑了全国各省区市情况不同,只是从宏观上把握法律法规规定的职责和工作程序,而质量监督管理过程中操作层面的具体要求,由各省区市根据本地实际情况,制定监督管理实施细则。公路水运工程质量监督管理应立足法定职责,以技术标准、规程为基础,行政管理和执法管理相结合。根据《行政处罚法》"国务院部、委员会制定的规章可以在法律、行政法规规定的给予行政处罚的行为、种类和幅度的范围内作出具体规定"的相关精神,《规定》在"法律责任"方面作了较大的修订。一是明确质量监督管理的职责,增加了行政执法管理的工作要求;二是根据有关法律法规,规定了当未履行质量责任的情况时,对应的处罚种类和标准;三是结合公路水运工程建设实际,规范了自由裁量权,细化了上位法的罚款比例或数额,有效缓解了过去对未履行质量管理职责、违反质量监督管理规定的情况执法难、处罚难的问题。

四、关于《规定》的贯彻落实

一要加强《规定》宣贯。各地交通运输主管部门、各相关单位要从质量问题是我国经济社会发展的一个战略问题,关系人民群众切身利益的高度,加强对《规定》的宣贯学习,明确各自的责任、义务和相关的行为规范,确保《规定》落地落实。

二要制定实施细则。各地交通运输主管部门要按照《规定》要求,结合本地实际情况,制定实施细则,健全完善相关配套制度措施,全面落实各方主体的工程质量责任,加强工程质量监督管理队伍建设,强化政府对工程质量的监管,不断提高监管水平。

三要完善信用评价体系。各地交通运输主管部门应加快推进公路水运工程质量信用评价机制和信用信息管理系统的建设,将对工程质量的评价结果与质量诚信体系、市场监管体系相结合,并实现与部级信用评价和信用信息管理系统的互联互通,加强信息化应用和信用信息资源共享,不断提升公路水运工程质量监督管理水平。

第3部分

《公路水运工程质量监督管理规定》条文释义

第一章 总 则

总则一章共6条,主要从立法目的和立法依据、适用范围、相关定义、监管职责划分、监督管理基本要求和先进技术推广等方面进行了总体规定。

第一条 为了加强公路水运工程质量监督管理,保证工程质量,根据《中华人民共和国公路法》《中华人民共和国港口法》《中华人民共和国航道法》《建设工程质量管理条例》等法律、行政法规,制定本规定。

【解读】 本条是关于本规定立法目的和立法依据的规定。

(一)本规定的立法背景

近年来,党中央、国务院高度重视工程建设质量和安全工作,党的十八届五中全会提出"以提高发展质量和效益为中心",习近平总书记作出了"推动中国制造向中国创造转变、中国速度向中国质量转变、中国产品向中国品牌转变"等一系列重要指示,为强化工程建设质量管理工作提出了新要求。

随着经济社会的快速发展和改革的不断深化,《公路法》《港口法》《航道法》等一批与公路水运工程建设相关法律法规进行了修订完善;交通运输部近几年发布的工程建设管理相关规范性文件,也需要集中系统地体现在监督管理法律规定之中。同时,由于公路水运工程建设任务日益繁重、建设与管理模式不断创新,经济社会发展对质量工作的要求越来越高,公路水运工程质量监督管理面临着转变政府职能和强化事中事后监管,以及转变发展方式、突出节能环保和安全发展理念的新形势,亟待创新质量监管理念、方式和手段,将监管工作新经验上升到法律制度层面,改变目前公路水运工程质量监督管理立法零星化、碎片化的状况。

(二)本规定的立法目的

一是着眼新形势,完善制度体系。《公路工程质量管理办法》(交公路发〔1999〕90号)、《水运工程质量监督规定》(交通部令2000年第3号)、《公路工程质量监督规定》(交通部令2005年第4号)颁布实施以来,有力促进了全国公路水运工程建设质量稳步提高,有效保障了交通运输服务水平持续提升。本规定的修订是对上述三部规章进行合并修订,进一步规范质量监督管理工作,有效实施"依法监督、科学监督、规范监督、公正监督",提高质监工作水平和成效,为促进公路水运建设科学发展、安全发展提供制度保障。

二是聚焦新要求,推行依法监管。按照全面深化改革、全面推进依法治国、推进国家治理体系和治理能力现代化的总体要求,加快"四个交通"发展,处理好政府和市场的关系,全面推行现代工程管理,深入推进法治交通建设,是交通建设遵循的大方向。树立法治意识,坚持法治思维,运用法治方法,全面落实项目建设从业单位主体责任,强化对质量违法行为的处罚,着力构建行业诚信体系建设。

三是顺应新常态,推进权责落实。公路水运工程建设提量增速,建设投资主体多元化与建管模式多样化,经济社会发展新要求、交通出行差异化需求都对质监工作提出了新的期待。公路水运工程更加注重品质和精工细作、更加注重创新与信息公开,工程质量监督管理的压力、难度和责任不断增大。为此,需要进一步明确建设项目相关主体的责权,做到权责对等,责权边界清晰,强化企业主体责任、落实政府监管责任。

(三)本规定的立法依据

立法依据主要包括《行政处罚法》《公路法》《港口法》《航道法》《建设工程质量管理条例》《建设工程勘察设计管理条例》等公路水运工程质量监督管理相关的法律法规。修订过程中,共参照49部相关法律、法规、规章,包括9部法律、4部行政法规、32部门规章、4部地方性法规。

第二条 公路水运工程质量监督管理,适用本规定。

【解读】 本条是关于本规定适用范围的规定。依据《建设工程质量管理条例》第四十三条制定。

国家实行建设工程质量监督管理制度。本规定所称"监督管理"是工程质量监督和工程质量管理的合称,是以法律法规为准绳,以技术标准为依据,以监督检查、抽样检测、信用评价及行政处罚等为手段,对建设工程质量进行监督管理的行政行为。

从事公路水运工程建设活动以及对工程质量实施监督管理,均应遵守本规定。

第三条 本规定所称公路水运工程,是指经依法审批、核准或者备案的公路、水运基础设施的新建、改建、扩建等建设项目。

本规定所称公路水运工程质量,是指有关公路水运工程建设的法律、法规、规章、技术标准、经批准的设计文件以及工程合同对建设公路水运工程的安全、适用、经济、美观等特性的综合要求。

本规定所称从业单位,是指从事公路、水运工程建设、勘察、设计、施工、监理、试验检测等业务活动的单位。

【解读】 本条是关于本规定中有关专门用语的定义,并明确了监督管理范围。

本规定所称公路水运工程是参照《公路水运工程安全生产监督管理办法》(交通运输部令2017年第25号)第三条。

目前,建设项目立项一般分为三类:审批、核准或备案。审批是针对政府投资的公共基础或公益类建设项目,这类建设项目按照审批程序严格执行;核准或备案则是针对社会投资项目,根据项目不同情况,分别实行核准管理或备案管理。对关系国家安全、涉及全国重大生产力布局、战略性资源开发和重大公共利益等项目,实行核准管理,其他项目实行备案管理[《企业投资项目核准和备案管理条例》(国务院令第673号)]。按照"谁审批谁监管、谁主管谁负责"的原则,依法加强对项目的事中事后监管,主要是针对已经获得审批、核准或备案手续的公路水运工程建设项目,非法建设项目不具备事中事后监督管理的前提条件。

本条未将大中修工程列入监督管理范围,主要考虑大中修项目建设管理程序、标准、规范等,与新建、改扩建项目有所不同,且全国各地监督管理体制不同,相关规定也各异。

本规定所称公路水运工程质量,是参照原《公路工程质量管理办法》(交公路发〔1999〕90号)及原《水运工程质量监督规定》(交通部令2000年第3号)进行修订。

本规定所称的从业单位,在《建设工程质量管理条例》第三条基础上增加了试验检测单位,与原《公路工程质量监督规定》(交通部令2005年第4号)相对应。在公路水运工程质量管理过程中,试验检测数据是指导施工、质量过程控制和检验评定的重要依据。

第四条 交通运输部负责全国公路水运工程质量监督管理工作。交通运输部长江航务管理局按照规定的职责对长江干线航道工程质量监督管理。

县级以上地方人民政府交通运输主管部门按照规定的职责负责本行政区域内的公路水运工程质量监督管理工作。

公路水运工程质量监督管理,可以由交通运输主管部门委托的建设工程质量监督机构具体实施。

【解读】 本条是关于交通运输主管部门公路水运工程质量监督管理职责分工的规定。依据法律法规及交通运输部"三定"方案,结合行业实际进行修订。

依据《建设工程质量管理条例》第四十三条第二款"国务院建设行政主管部门对全国的建设工程质量实施统一监督管理。国务院铁路、交通、水利等有关部门按照国务院规定的职责分工,负责对全国的有关专业建设工程质量的监督管理",本条明确交通运输部负责全国公路水运工程质量监督管理工作。

2002年,中编办印发《关于交通运输部长江航务管理局主要职责和人员编制的批复》(中编办复字〔2002〕7号),明确长航局为交通部派出机构,对长江干线航运行使政府行业管理职能,受交通部委托或法规授权行使长江干线航运行政主管部门职责。

《航道法》第五条规定:"国务院交通运输主管部门按照国务院规定设置的负责航道管理的机构和县级以上地方人民政府负责航道管理的部门或者机构(以下统称负责航道管理的部门),承担本法规定的航道管理工作。"据此,长江航务管理局按照规定的职责对长江干线航道工程质量监督管理。

县级以上地方人民政府交通运输主管部门按照规定的职责,负责本行政区域内的公路水运工程质量监督管理工作,是指各级交通运输主管部门按照省、自治区、直辖市人民政府规定的职责,负责本行政区域监督管理工作;同时考虑公路水运工程质量监督管理职责不完全是按照行政区域进行划分的现实情况,增加"按照规定的职责"这一定语。

第五条 交通运输主管部门应当制定完善公路水运工程质量监督管理制度、政策措施,依法加强质量监督管理,提高质量监督管理水平。

【解读】 本条是关于公路水运工程质量监督管理制度建设与政策措施保障方面的新增规定。

根据《中共中央 国务院关于开展质量提升行动的指导意见》(2017年9月5日)、《国务院关于印发质量发展纲要(2011—2020年)的通知》(国发〔2012〕9号)的精神,一是要建立"党委领导、政府主导、部门联合、企业主责、社会参与"的质量工作格局,健全质量工作体制机制。二是要建立健全工程质量监督管理法规体系,积极推进工程建设质量监督管理地方立法工作,为切实做好质量监督管理工作提供法规和政策依据。三是要制定本地区质量发展纲要,明确质量发展目标,健全公路水运工程项目"企业负责、政府监管、社会监督"的质量保障体系。

监督管理制度体系建设是质量监督工作走上规范化、程序化、标准化的前提条件,应从政策制度和责任制度两方面健全完善。政策制度是按照国家颁发的相关法律法规、规章及各参建单位的企业制度等进行控制,包括两方面:一是国家有关法律法规和政策;二是参建企业内部的管理制度。责任制度控制以明确责任、检查和考核责任履行情况为主要内容,主要特点有三个方面,即职责和权利相结合、工作任务和工作方法相结合、上下左右相关工作相结合。

第六条 公路水运工程建设领域鼓励和支持质量管理新理念、新技术、新方法的推广应用。

【解读】 本条是关于在公路水运工程领域鼓励开展管理创新、技术创新、方法创新方面的规定。依据《建设工程质量管理条例》第六条修订。

《中共中央 国务院关于开展质量提升行动的指导意见》(2017年9月5日)提出实施创新驱动发展战略,积极引导推动各种创新要素向产品和服务的供给端集聚,提升质量创新能力,以新技术新业态改造提升产业质量和发展水平。实施质量攻关工程,开展重点行业工艺优化行动,组织质量提升关键技术攻关,推动企业积极应用新技术、新工艺、新材料。

第二章 质量管理责任和义务

质量管理责任和义务一章共13条,主要规定了公路水运工程项目建设、勘察、设计、施工、监理以及施工监测、试验检测等公路水运工程从业单位的质量管理责任和义务,重点强化建设单位首要责任和勘察、设计、施工单位主体责任,严格落实工程质量责任终身制,充分体现"权责对等"的立法原则以及"依法合法公平公正"的法治理念。

《建设工程质量管理条例》中对从业单位质量责任和义务均作出了明确规定。本章根据《建设工程质量管理条例》等法律法规,对从业单位的责任和义务作出具体细化,具有特定性,从业单位其他方面的责任与义务按照相关规定执行。本章所规定从业单位的责任和义务,与本规定第四章法律责任中的罚则相对应,便于追责问责。

第七条 从业单位应当建立健全工程质量保证体系,制定质量管理制度,强化工程质量管理措施,完善工程质量目标保障机制。

公路水运工程施行质量责任终身制。建设、勘察、设计、施工、监理等单位应当书面明确相应的项目负责人和质量负责人。从业单位的相关人员按照国家法律法规和有关规定在工程合理使用年限内承担相应的质量责任。

【解读】 本条是关于从业单位建立质量保证体系及施行质量责任终身制的规定。依据《公路法》第二十六条、《建设工程质量管理条例》第三条修订。

《公路法》第二十六条规定:"承担公路建设的设计单位、施工单位和工程监理单位,应当按照国家有关规定建立健全质量保证体系,落实岗位责任制,并依照有关法律、法规、规章以及公路工程技术标准的要求和合同约定进行设计、施工和监理，保证公路工程质量。"

《建设工程质量管理条例》第三条规定："建设单位、勘察单位、设计单位、施工单位、工程监理单位依法对建设工程质量负责。"

《关于严格落实公路工程质量责任制的若干意见》（交公路发〔2008〕116号）规定："项目法人对工程质量负管理责任，勘察单位对勘察质量负责，设计单位对设计质量负责，施工单位对施工质量负责，监理单位对施工质量负监理责任，试验检测单位对试验检测结果的真实性和准确性负责；公路建设从业单位应当分解落实工程建设各岗位、各环节质量责任，明确质量责任人。"

质量保证体系是从业单位为实现各自的建设目标，以本企业或本项目为管理对象，运用系统的概念和方法，把各部门、各环节严密地组织起来，从而建立的一套全过程、分层次的质量管理机制，对内能够明确职责、奖罚有据，对外能够取得服务对象的信任和支持。其内容包括：质量保证组织体系、过程质量控制体系、质量保证工作体系和使用过程质量管理服务体系。建立质量保证体系的主要环节包括：确定质量目标、制订质量保证工作计划、建立专职的质量管理机构、明确职责分工、建立质量信息系统、建立质量管理制度等。

工程质量在设计既定的前提下，其优劣水平主要取决于"干"与"管"的水平。加强工程质量管理，要全面落实工程质量责任。按照"明确责任、落实责任、追究责任"的原则，在明晰工程建设质量责任界定上，进一步强化建设单位的管理责任（也就是首要责任）和勘察、设计、施工单位的主体责任；在落实质量管理的措施上，实行质量责任终身制。

质量责任终身制指从业单位有关人员按照国家法律法规和有关规定，在工程合理使用年限内对工程承担相应责任。本条参考建设行政主管部门的经验做法，规定建设、勘察、设计、施工、监理等单位应当书面明确相应的项目负责人和质量负责人。在操作层面上，一是以授权委托书的形式确认项目负责人和质量负责人，明确相应的权利和责任；二是依照《关于严格落实公路工程质量责任制的若干意见》（交公路发〔2008〕116号）的规定，实行"工程质量责任登记表"制度，将登记资料作为项目管理档案，永久保存，落实施工过程中从业单位相关人员责任。

关于"工程合理使用年限"。质量管理既要强调质量责任终身制，同时也要科学合理地确定工程质量责任期。根据《建设工程质量管理条例》第二十一条规定："设计单位应当根据勘察成果文件进行建设工程设计。设计文件应当符合国家规定的设计深度要求，注明工程合理使用年限。"《建设工程勘察设计管理条例》第二十六条规定："编制施工图设计文件，应当满足设备材料采购、非标准设备制作和施工的需要,并注明建设工程合理使用年限。"实际中,如何确定合理使用年限的方法有多种,一般情况下,工程合理使用年限可理解为设计使用年限。

第八条 建设单位对工程质量负管理责任,应当科学组织管理,落实国家法律、法规、工程建设强制性标准的规定,严格执行国家有关工程建设管理程序,建立健全项目管理责任机制,完善工程项目管理制度,严格落实质量责任制。

【解读】 本条是关于建设单位质量管理责任的规定。依据《公路法》第二十三条、《航道法》第十一条,参照《交通运输部关于进一步加强公路项目建设单位管理的若干意见》(交公路发〔2011〕438号)、《交通运输部关于加强公路水运工程质量和安全管理工作的若干意见》(交安监发〔2014〕233号)等规定进行修订。

《公路法》第二十三条规定:"公路建设项目应当按照国家有关规定实行法人负责制度、招标投标制度和工程监理制度。"《航道法》第十一条规定:"航道建设单位应当根据航道建设工程的技术要求,依法通过招标等方式选择具有相应资质的勘察、设计、施工和监理单位进行工程建设,对工程质量和安全进行监督检查,并对工程质量和安全负责。"《国务院办公厅关于促进建筑业持续健康发展的意见》(国办发〔2017〕19号)提出要特别强化建设单位的首要责任。

《建设工程质量管理条例》中规定了建设单位违反条例要承担相应的法律责任,包括行政责任、民事责任,构成犯罪的,对单位直接责任人员要追究刑事责任。

《公路建设市场管理办法》(交通运输部令2015年第11号)规定:"项目法人对工程质量负管理责任,公路建设从业单位和从业人员在公路建设市场中必须严格遵守国家有关法律、法规和规章,严格执行公路建设行业的强制性标准、各类技术规范及规程的要求,公路建设项目法人必须严格执行国家规定的基本建设程序,不得违反或者擅自简化基本建设程序。"

《交通运输部关于进一步加强公路项目建设单位管理的若干意见》(交公路发〔2011〕438号)规定:"建设单位应执行国家基本建设程序,严格合同管理,细化目标管理与责任,加强质量管理与责任等。"

《交通运输部关于加强公路水运工程质量和安全管理工作的若干意见》(交安监发〔2014〕233号)第八条提出:"建设单位对工程质量和安全管理负总责。推行现代工程管理,提升专业化管理能力,实施质量和安全风险管理。履行基本建设程序,健全工期调整和工程变更管理制度,开展质量、安全检查和隐患排查治理,落实整改措施、责任和时限,督促整改到位。"

本条突出建设单位在工程建设中的质量管理责任,强调压实建设单位的首要责任。建设单位是工程决策、勘察、设计、施工和交工验收的主要策划人和组织者,其协调能力的强弱、专业管理水平的高低、敬职敬业的程度等,直接影响工程质量的品质等级。在工程建设期,建设单位全面负责工程项目实施,依法选择勘察、设计、施工和工程监理单位,确定合同条款并提供相应资金,审核施工组织设计,履行建设管理程序,并对工程项目组织检查验收,对工程项目建设管理起主导作用。

第九条 建设单位应当与勘察、设计、施工、监理等单位在合同中明确工程质量目标、质量管理责任和要求,加强对涉及质量的关键人员、施工设备等方面的合同履约管理,组织开展质量检查,督促有关单位及时整改质量问题。

【解读】 本条是关于建设单位项目合同管理及过程管理的规定。依据《公路法》第二十四条、《航道法》第十一条新增。

《公路法》第二十四条规定:"公路建设单位应当根据公路建设工程的特点和技术要求,选择具有相应资格的勘察设计单位、施工单位和工程监理单位,并依照有关法律、法规、规章的规定和公路工程技术标准的要求,分别签订合同,明确双方的权利义务。"

《航道法》第十一条规定:"航道建设单位应当根据航道建设工程的技术要求,依法通过招标等方式选择具有相应资质的勘察、设计、施工和监理单位进行工程建设,对工程质量和安全进行监督检查,并对工程质量和安全负责。"

《交通运输部关于深化公路建设管理体制改革的若干意见》(交公路发〔2015〕54号)对强化合同管理制提出要求:"从业单位应强化法律意识和契约意识,杜绝非法合同、口头协议和纸外合同等不规范现象。不断完善合同管理体系,坚持以合同为依据规范项目建设管理工作。进一步完善工作机制和管理制度,注重培养合同管理人才,提高合同管理的科学化水平。强化合同执行情况的监督,通过履约考核、信用评价、奖励处罚等措施,督促合同双方履约守信。"

合同管理制是工程建设领域四项基本制度之一。建设工程勘察、设计、施工、监理等工作,都要依法订立合同。各类合同中应包含明确的质量目标、质量管理责任和要求。一是突出目标管理,制定目标应科学合理,高而可攀;二是突出责任管理,明确各方的责任和义务。

工程合同管理是建设工程施工活动的核心和灵魂,规定了承发包双方的责任权利关系,对施工的进度、费用、质量目标等方面管理起着总控制和总协调的重要作用。加强合同管理,能够更好地促使承发包双方按照合同约定履行各自义务,保证工程质量。合同履约管理是建设单位进行项目管理的重要抓手,针对目前公路水运工程建设中不同程度存在的关键岗位人员及施工设备履约不到位的问题,建设单位需进一步完善合同管理机制,加强合同履约管理,保证工程质量。

第十条　勘察、设计单位对勘察、设计质量负责，应当按照有关规定、强制性标准进行勘察、设计，保证勘察、设计工作深度和质量。勘察单位提供的勘察成果文件应当满足工程设计的需要。设计单位应当根据勘察成果文件进行工程设计。

【解读】　本条是关于勘察、设计单位质量责任的规定。依据《建设工程勘察设计管理条例》第五条、第二十五条，《建设工程质量管理条例》第十九条、第二十条、第二十一条修订。

《建设工程勘察设计管理条例》第五条规定："县级以上人民政府建设行政主管部门和交通、水利等有关部门应当依照本条例的规定，加强对建设工程勘察、设计活动的监督管理。建设工程勘察、设计单位必须依法进行建设工程勘察、设计，严格执行工程建设强制性标准，并对建设工程勘察、设计的质量负责"；第二十五条规定："编制建设工程勘察、设计文件，应当以下列规定为依据：（一）项目批准文件；（二）城市规划；（三）工程建设强制性标准；（四）国家规定的建设工程勘察、设计深度要求"。《建设工程质量管理条例》第十九条规定："勘察、设计单位必须按照工程建设强制性标准进行勘察、设计，并对其勘察、设计的质量负责"；第二十条规定："勘察单位提供的地质、测量、水文等勘察成果必须真实、准确"；第二十一条规定："设计单位应当根据勘察成果文件进行建设工程设计。设计文件应当符合国家规定的设计深度要求，注明工程合理使用年限"。

勘察单位是指按照国家有关规定取得相应资质证书，并根据建设工程的要求，查明、分析、评价建设场地的地质地理环境特征和岩土工程条件，编制建设工程勘察文件的单位。

设计单位是指按照国家有关规定取得相应资质证书，并根据建设工程的要求，对建设工程所需的技术、经济、资源、环境等条件进行综合分析、论证，编制建设工程设计文件的单位。

勘察、设计是工程建设的前提、基础和灵魂。勘察、设计工作质量，直接影响建设工程的功能和使用寿命等，是工程质量的重要保证。工程施工过程中，涉及的有关优化设计、设计变更和质量问题处理等工作，勘察、设计单位也参与其中。工程交工验收前，设计单位需出具工程设计符合性评价意见，这是对工程质量评价的依据之一。因此，修订中考虑在质量责任体系中明确勘察、设计单位的相关责任和义务，积极推动质量监督管理工作由注重施工过程中的监管向加强工程前期工作的监管延伸。

工程勘察成果文件是设计的基础资料和重要依据，其真实性、准确性直接影响设计和施工质量。针对当前一些工程由于勘察设计周期较短，导致地质勘察工作量不足、地质勘察与设计脱节等问题，按照交通运输部《关于进一步加强公路勘察设计工作的若干意见》(交公路发〔2011〕504号)精神,应进一步加强地质勘察与外业调查工作,确保基础资料全面、实用、可信,外业勘察验收工作是开展设计工作的基本要求和条件,勘察工作没有完成、深度不足的,不得开展内业设计工作。本条规定勘察设计单位应保证勘察、设计工作深度和质量,突出问题导向,着力解决"勘察设计深度不足"等问题。

第十一条 设计单位应当按照相关规定,做好设计交底、设计变更和后续服务工作,保障设计意图在施工中得以贯彻落实,及时处理施工中与设计相关的质量技术问题。

【解读】 本条是关于设计单位在施工过程中设计服务义务的规定。依据《建设工程质量管理条例》第二十三条、《建设工程勘察设计管理条例》第三十条新增。

《建设工程勘察设计管理条例》第三十条规定:"建设工程勘察、设计单位应当在建设工程施工前,向施工单位和监理单位说明建设工程勘察、设计意图,解释建设工程勘察、设计文件。建设工程勘察、设计单位应当及时解决施工中出现的勘察、设计问题。"《建设工程质量管理条例》第二十三条规定:"设计单位应当就审查合格的施工图设计文件向施工单位作出详细说明。"

设计单位不仅要提高设计文件质量,还要提高设计服务质量,加强与建设施工环节的配合衔接。要按合同约定,为后续服务工作配备足够的技术力量,并应满足工程建设实际需要。应根据施工现场建设条件的变化、新技术新工艺应用等因素,及时优化完善设计,并保障设计意图在施工中得到贯彻落实。

第十二条 公路水运工程交工验收前,设计单位应当对工程建设内容是否满足设计要求、是否达到使用功能等方面进行综合检查和分析评价,向建设单位出具工程设计符合性评价意见。

【解读】 本条是关于设计单位对工程设计符合性评价的规定。依据《公路工程竣(交)工验收办法》(交通部令2004年第3号)第十一条、《港口工程竣工验收办法》(交通运输部令2016年第44号)第七条、《航道工程竣工验收管理办法》(交通运输部令2014年第13号)第七条新增。

《公路工程竣(交)工验收办法》(交通部令2004年第3号)第十一条规定:"设计单位负责检查已完成的工程是否与设计相符,是否满足设计要求。"《港口工程竣工验收办法》(交通运输部令2016年第44号)第七条规定:"港口工程进行竣工验收应当具备以下条件:(三)港口工程需要试运行的,经试运行符合设计要求。"《航道工程竣工验收管理办法》(交通运输部令2014年第13号)第七条规定:"航道工程竣工验收应当具备以下条件：(四)主要工艺设备或者设施调试以及联动测试均已完成，主要技术参数达到设计要求。"

为进一步发挥工程设计对质量控制的作用，保障施工符合设计意图，有效开展工程建设各方责任主体的自评、相关方的互评，本条明确地提出了设计单位应出具工程设计符合性评价意见。设计符合性评价意见要结合现场检查情况，从设计成果的符合性、有效性和环境协调性等方面进行定性评价，其主要内容包括：施工内容是否按设计文件要求全面完成，检查已完成的工程是否与设计相符、是否满足设计要求，重点是聚焦工程质量的五个特性进行检查评价。

第十三条 施工单位对工程施工质量负责，应当按合同约定设立现场质量管理机构、配备工程技术人员和质量管理人员，落实工程施工质量责任制。

【解读】 本条是关于施工单位质量责任和基本要求的规定。依据《公路法》第二十六条、《建设工程质量管理条例》第二十六条修订。

《公路法》第二十六条规定："承担公路建设项目的设计单位、施工单位和工程监理单位，应当按照国家有关规定建立健全质量保证体系，落实岗位责任制，并依照有关法律、法规、规章以及公路工程技术标准的要求和合同约定进行设计、施工和监理，保证公路工程质量。"

《建设工程质量管理条例》第二十六条规定："施工单位对建设工程的施工质量负责。施工单位应当建立质量责任制，确定工程项目的项目经理、技术负责人和施工管理负责人。建设工程实行总承包的，总承包单位应当对全部建设工程质量负责。"

本条强调了施工单位应严格按照合同约定履行责任和义务。公路水运工程项目具有建设规模大、系统性强，建设周期长、影响因素多，施工建设环境复杂，生产要素的流动性大，施工交叉作业多等特点，因此需要由专业性和技术性较强，具有专门知识和丰富经验的专业人员来完成质量管理工作。为了适应质量管理工作的需求，本条要求施工单位应按照合同约定建立现场质量管理机构，工程技术人员和质量管理人员按合同约定，进驻现场履职。

第十四条 施工单位应当严格按照工程设计图纸、施工技术标准和合同约定施工，对原材料、混合料、构配件、工程实体、机电设备等进行检验；按规定施行班组自检、工序交接检、专职质检员检验的质量控制程序；对分项工程、分部工程和单位工程进行质量自评。检验或者自评不合格的，不得进入下道工序或者投入使用。

【解读】 本条是关于施工过程管理的规定。依据《建设工程质量管理条例》

第二十八条、第二十九条、第三十条新增。

《建设工程质量管理条例》第二十八条规定："施工单位必须按照工程设计图纸和施工技术标准施工,不得擅自修改工程设计,不得偷工减料。施工单位在施工过程中发现设计文件和图纸有差错的,应当及时提出意见和建议";第二十九条规定："施工单位必须按照工程设计要求、施工技术标准和合同约定,对建筑材料、建筑构配件、设备和商品混凝土进行检验,检验应当有书面记录和专人签字;未经检验和检验不合格的,不得使用";第三十条规定："施工单位必须建立、健全施工质量的检验制度,严格工序管理,作好隐蔽工程的质量检查和记录"。

本条分别从施工单位开展施工过程质量管理的依据、内容、程序等方面进行了规定。强调施工过程管理,明确施工单位在施工过程中的责任与义务,便于交通运输主管部门对工程建设质量开展事中事后监督管理。

原材料、构配件等的检验制度,是施工单位质量保证体系的重要组成部分,是保障建设工程质量的重要内容。检验工作要按规定的范围和要求进行,按现行标准规定的数量、频率、取样方法进行检验。检验的结果要按规定的格式形成书面记录,并由关专业人员签字。未经检验或检验不合格的,不得使用。此外,施工人员对涉及结构安全的试块、试件以及有关材料,应在建设单位或工程监理单位监督下现场取样,并送具有相应资质等级的质量检测单位进行检测。

在施工质量控制程序上,强调按规定施行班组自检、工序交接检、专职质检员检验的质量控制程序,强化施工单位主体责任落实。原《公路工程质量管理办法》(交公路发〔1999〕90号)规定为自检、互检和交接检。现行《水运工程质量检验标准》(JTS 257—2008)规定："各工序施工应按施工技术标准的规定进行质量控制,每道工序完成后,应进行检查。工序之间应进行交接检验,并形成记录。自检合格后报监理单位,监理工程师应及时组织施工单位专职质量检查员等进行检验与确认。"本条综合考虑施工过程检验控制程序要求,修订为"班组自检、工序交接检、专职质检员检验"。

第十五条 施工单位应当加强施工过程质量控制,并形成完整、可追溯的施工质量管理资料,主体工程的隐蔽部位施工还应当保留影像资料。对施工中出现的质量问题或者验收不合格的工程,应当负责返工处理;对在保修范围和保修期限内发生质量问题的工程,应当履行保修义务。

【解读】 本条是关于施工质量资料管理及问题处理的规定。依据《建设工程质量管理条例》第三十条、第三十二条、第四十一条新增。

《建设工程质量管理条例》第三十条规定："施工单位必须建立、健全施工质量的检验制度,严格工序管理,作好隐蔽工程的质量检查和记录";第三十二条规定:"施工单位对施工中出现质量问题的建设工程或者竣工验收不合格的建设工程,应当负责返修";第四十一条规定:"建设工程在保修范围和保修期限内发生质量问题的,施工单位应当履行保修义务,并对造成的损失承担赔偿责任"。

施工质量管理资料是施工过程质量管理的记录文件,也是工程质量评定的重要依据,工程质量管理情况应如实体现在质量管理资料上。工程影像资料是有效反映工程质量验收资料和现场实物质量一致性的重要证据材料,应能全面反映关键部位、关键工序和隐蔽项目的质量和功能情况,为施工中隐蔽工程提供见证依据。主体工程的隐蔽部位施工还应当保留影像资料,有利于施工过程中的管理和监督。

建设工程实行质量保修制度是落实建设工程质量责任的重要措施,施工单位应履行保修义务。

第十六条 勘察、设计、施工单位应当依法规范分包行为,并对各自承担的工程质量负总责,分包单位对分包合同范围内的工程质量负责。

【解读】 本条是关于勘察、设计、施工单位分包行为及总包与分包单位质量责任界定的规定。依据《建设工程质量管理条例》第十八条、第二十五条、第七十八条新增。

《建设工程质量管理条例》第十八条规定:"勘察、设计单位不得转包或者违法分包所承揽的工程";第二十五条规定:"施工单位不得转包或者违法分包工程"。

工程分包的产生是社会分工专业化的必然结果。规范引导施工单位进行合理、合法的分包,既有利于施工企业的发展壮大和结构调整,也有利于规范建设市场,提高工程质量,降低建设成本。

总包单位将部分工程分包给其他单位,分包但不分责,无论质量问题是由总包单位造成的,还是由分包单位造成的,均由总包单位负全面质量责任。分包单位应按照分包合同约定对其分包工程的质量负责。总包单位对分包工程的质量承担连带责任。

第十七条 监理单位对施工质量负监理责任,应当按合同约定设立现场监理机构,按规定程序和标准进行工程质量检查、检测和验收,对发现的质量问题及时督促整改,不得降低工程质量标准。

公路水运工程交工验收前,监理单位应当根据有关标准和规范要求对工程质量进行检查验证,编制工程质量评定或者评估报告,并提交建设单位。

【解读】 本条是关于监理单位质量管理责任和义务的规定。依据《建设工程质量管理条例》第三十六条、《公路工程施工监理规范》（JTG G10—2016）、《水运工程施工监理规范》（JTS 252—2015）新增。

《建设工程质量管理条例》第三十六条规定："工程监理单位应当依照法律、法规以及有关技术标准、设计文件和建设工程承包合同，代表建设单位对施工质量实施监理，并对施工质量承担监理责任。"

监理单位应根据所承担的监理任务，按合同文件和规范要求组建驻工地监理机构，监理机构一般由总监理工程师、监理工程师和其他监理人员组成。监理工程师拥有对材料、构配件和设备以及施工工序的检查权。对检查不合格的，有权决定是否允许在工程上使用或进行下一道工序的施工。工程监理实行总监理工程师负责制，总监理工程师在授权范围内可以发布有关指令，全面负责监理合同范围内的监理工作。

工程监理单位未能按照法律、法规和工程建设强制性标准等规定认真履行监理职责，降低工程质量标准，《建设工程质量管理条例》第六十七条、第六十八条规定了相应的法律责任。

本条第二款规定，监理单位应编制工程质量评定或者评估报告，是对《公路工程施工监理规范》（JTG G10—2016）、《水运工程施工监理规范》（JTS 252—2015）的不同表述进行合写。《公路工程施工监理规范》（JTG G10—2016）6.0.2规定："监理机构应按工程验收办法等规定完成合同段工程质量评定、归集整理工程监理资料、编写监理工作报告，并提交建设单位。"《水运工程施工监理规范》（JTS 252—2015）9.0.12规定："项目监理机构应在交工验收前完成监理归档资料整理，编写并提交工程质量评估报告和监理工作总结报告。"

《公路工程竣（交）工验收办法》（交通部令2004年第3号）第十二条规定："项目法人组织监理单位按《公路工程质量检验评定标准》的要求对各合同段的工程质量进行评定。"《公路工程竣（交）工验收办法实施细则》（交公路发〔2010〕65号）第四条规定："公路工程交工验收工作一般按合同段进行，并应具备以下条件：监理单位对工程质量评定合格。"《港口工程竣工验收办法》（交通运输部令2016年第44号）第七条规定："港口工程进行竣工验收应当具备以下条件：（一）施工单位对工程质量自检合格，监理工程师对工程质量评定合格。"上述规章和文件规定了监理单位在工程交工验收阶段应尽的质量检查验证及评定义务。

第十八条　施工、监理单位应当按照合同约定设立工地临时试验室，严格按照工程技术标准、检测规范和规程，在核定的试验检测参数范围内开展试验检测活动。

施工、监理单位应当对其设立的工地临时试验室所出具的试验检测数据和报告的真实性、客观性、准确性负责。

【解读】 本条是关于施工、监理单位试验检测工作的规定。依据交通运输部《公路水运工程试验检测管理办法》(交通运输部令 2016 年第 80 号)的规定,结合监督管理工作实际进行修订。

《公路水运工程试验检测管理办法》(交通运输部令 2016 年第 80 号)第二十八条规定:"取得'等级证书',同时按照《计量法》的要求经过计量行政部门考核合格,通过计量认证的检测机构,可向社会提供试验检测服务。取得'等级证书'的检测机构在'等级证书'注明的项目范围内出具的试验检测报告,可以作为公路水运工程质量评定和工程验收的依据";第三十一条规定:"检测机构应当严格按照现行有效的国家和行业标准、规范和规程独立开展检测工作,不受任何干扰和影响,保证试验检测数据客观、公正、准确。"

《交通运输部关于加强公路水运工程质量和安全管理工作的若干意见》(交安监发〔2014〕233 号)第十二条规定:"试验检测机构要严格落实试验检测工作责任制。加强能力建设,健全试验检测数据报告责任人制度,依法、依规、依合同开展试验检测工作,客观反映工程质量,为工程实施提供指导。试验检测机构须落实工地试验室标准化建设要求,对试验检测数据报告真实性负责。工地试验室存在出具虚假试验检测数据报告等违规行为的,要计入试验检测机构信用评价,并与机构等级管理挂钩。"

《公路水运建设工程质量安全督查办法》(交安监发〔2016〕86 号)第十五条规定:"检测机构应按照诚信、科学、客观、严谨的原则,依据公路水运工程试验检测相关规程开展抽检工作,提交正式的检测报告,并对所提交的检测数据、报告的真实性、准确性负责。"

第十九条 材料和设备的供应单位应当按照有关规定和合同约定对其产品或者服务质量负责。

【解读】 本条是关于材料和设备供应单位质量责任的规定。依据《建设工程质量管理条例》《公路建设市场管理办法》(交通运输部令 2015 年第 11 号)等相关规定,结合监督管理工作实际新增。

材料和设备是工程建设的重要物质基础,工程质量在很大程度上取决于正确选择和合理使用材料和设备。材料和设备的质量应当符合有关技术标准和设计要求,材料和设备供应单位应具备相应的生产条件、技术装备和质量保证体系,并对其生产或供应的产品质量负责。

《建设工程质量管理条例》第十四条规定:"按照合同约定,由建设单位采购建筑材料、建筑构配件和设备的,建设单位应当保证建筑材料、建筑构配件和设备符合设计文件和合同要求。建设单位不得明示或者暗示施工单位使用不合格的建筑材料、建筑构配件和设备。"

《公路建设市场管理办法》(交通运输部令2015年第11号)第二十八条规定:"设备和材料供应单位应当按照合同约定,确保供货质量和时间,做好售后服务工作";第二十九条规定:"其他从业单位和从业人员按照有关规定对其产品或者服务质量负相应责任。"上述条款明确了材料和设备供应单位的质量责任,便于对材料和设备的供应单位进行监督管理。

第三章 监督管理

监督管理一章共19条,主要是规定实施质量监督管理的工作要求。交通运输主管部门及其委托的建设工程质量监督机构应当依据法律、法规和强制性标准等,科学、规范、公正地开展公路水运工程质量监督管理工作。本章重点规定了质量监督机构建设的基本条件、办理工程质量监督手续的要求、质量监管期限的界定、竣(交)工验收程序与要点、质量监督检查的内容和方式、监督检查职责和有权采取的措施,以及质量事故报告、质量问题举报和健全质量信用评价体系等内容。

第二十条 公路水运工程实行质量监督管理制度。

交通运输主管部门及其委托的建设工程质量监督机构应当依据法律、法规和强制性标准等,科学、规范、公正地开展公路水运工程质量监督管理工作。任何单位和个人不得非法干预或者阻挠质量监督管理工作。

【解读】 本条是公路水运工程实行质量监督管理制度和总体工作要求的规定。依据《建设工程质量管理条例》第四十三条修订。

《建设工程质量管理条例》规定国务院铁路、交通、水利等有关部门按照国务院规定的职责分工,负责对全国的有关专业建设工程质量的监督管理。县级以上地方人民政府交通、水利等有关部门在各自的职责范围内,负责对本行政区域内的专业建设工程质量的监督管理。公路水运工程项目质量监督工作应确保全覆盖,严禁只建设不监管、有工程无监管。

交通运输主管部门要依法履行公路水运工程质量监督管理责任,认真贯彻国家有关工程质量监督管理的方针政策和法规制度,依法加强监督管理,规范基本建设程序,坚持科学论证、科学决策,保证合理的设计周期和施工工期,为工程质量提供基本保障。经过广大公路水运工程质量监管者近30年工作实践,将质量监管工作原则归纳提炼为:依法监督、科学监督、规范监督、公正监督,依法是对监督依据而言,科学是对监督方法而言,规范是对监督程序而言,公正是对监督结果而言。

任何单位和个人不得非法干预或者阻挠质量监督管理工作,强调了质量监督管理工作的独立性,是依法开展质量监督管理工作的基本保证。

第二十一条 交通运输主管部门委托的建设工程质量监督机构应当满足以下基本条件:

(一)从事质量监督管理工作的专业技术人员数量不少于本单位职工总数的70%,且专业结构配置合理,满足质量监督管理工作需要,从事现场执法的人员应当按规定取得行政执法证件;

(二)具备开展质量监督管理的工作条件,按照有关装备标准配备质量监督检查所必要的检测设备、执法装备等;

(三)建立健全质量监督管理制度和工作机制,落实监督管理工作责任,加强业务培训。

质量监督管理工作经费应当由交通运输主管部门按照国家规定协调有关部门纳入同级财政预算予以保障。

【解读】 本条是关于交通建设工程质量监督机构基本条件的规定,是在原《公路工程质量监督规定》(交通部令2005年第4号)第九条基础上进行的修订。

质量监督是交通行政执法的一项重要工作,现场执法人员应持有行政执法证件。为合理进行专业结构配置,增强质量监督管理能力,规定了专业技术人员数量不少于本单位职工总数的70%,专业技术人员不局限于公路水运工程技术人员,还应包括法律、信息、安全和行政管理等专业技术人员。

建立健全质量监督管理制度和工作机制,是开展好质量监督管理工作的基本保障。要健全工程质量监督管理机制,强化工程建设全过程质量监管。

本着人权、事权和财权相统一的原则,根据《财政部、国家发展改革委关于公布取消和停止征收100项行政事业性收费项目的通知》(财综〔2008〕78号)文件精神:"上述行政事业性收费项目取消和停止征收后,有关部门和单位依法履行行政管理职能或核发证照所需的经费,由同级财政预算予以保障。其中,财政补助事业单位的经费支出,通过部门预算予以安排;自收自支事业单位的经费支出,通过安排其上级行政主管部门项目支出予以拨付。各级财政部门应按照上述要求,妥善安排有关部门和单位预算,确保其管理工作的正常运转。"

《国务院办公厅关于促进建筑业持续健康发展的意见》(国办发〔2017〕19号)、《关于做好2017年减轻企业负担工作的通知》(工信部运行函〔2017〕142号)等文件强调,加强工程质量监督队伍建设,监督机构履行职能所需经费由同级财政预算全额保障。各级交通运输主管部门应按照国家有关规定,协调有关部门解决质量监督管理工作经费和工作条件,质量监督管理工作经费应纳入同级财政预算予以保障,并落实工程质量安全监督抽检和信息化等专项经费。保障特种专业技术用车和质量监督执法用车,配备手持执法仪、笔录室等执法装备和设施。质量监督机构应规范经费使用管理,严禁经费摊派或挪作他用。

第二十二条 交通运输主管部门或者其委托的建设工程质量监督机构依法要求建设单位按规定办理质量监督手续。

建设单位应当按照国家规定向交通运输主管部门或者其委托的建设工程质量监督机构提交以下材料,办理工程质量监督手续:

(一)公路水运工程质量监督管理登记表;

(二)交通运输主管部门批复的施工图设计文件;

(三)施工、监理合同及招投标文件;

(四)建设单位现场管理机构、人员、质量保证体系等文件;

(五)本单位以及勘察、设计、施工、监理、试验检测等单位对其项目负责人、质量负责人的书面授权委托书、质量保证体系等文件;

(六)依法要求提供的其他相关材料。

【解读】 本条是关于办理工程质量监督手续的规定,是在原《公路工程质量监督规定》(交通部令2005年第4号)第十一条、原《水运工程质量监督规定》(交通部令2000年第3号)第三十八条基础上进行的修订。

办理工程质量监督手续是在领取施工许可证或者开工报告前的规定程序,是行政许可的前置条件,既不是审批,也不是行政许可。为了避免对监督手续产生歧义,因此将原规定"质量监督申请书"改为"公路水运工程质量监督管理登记表",其内容要求原则不变。交通运输主管部门批复的施工图设计文件,施工、监理合同及招投标文件,建设单位现场管理机构、人员、质量保证体系等文件是办理监督手续的必要材料,故保留了这些内容。在实际工作中,由于部分公路水运工程工期长、涉及专业较多,集中一次性报送材料存在一定困难,可以进行分批、分阶段报送。

相关单位出具项目负责人、质量负责人的书面授权委托书,与第七条中"建设、勘察、设计、施工、监理等单位应当书面明确相应的项目负责人和质量负责人"

相对应,强调相关人员依法承担相应的质量责任,体现了责任落实到人。

第二十三条 建设单位提交的材料符合规定的,交通运输主管部门或者其委托的建设工程质量监督机构应当在15个工作日内为其办理工程质量监督手续,出具公路水运工程质量监督管理受理通知书。

公路水运工程质量监督管理受理通知书中应当明确监督人员、内容和方式等。

【解读】 本条是关于公路水运工程质量监督管理受理通知书的规定,是在原《公路工程质量监督规定》(交通部令2005年第4号)第十三条、原《水运工程质量监督规定》(交通部令2000年第3号)第三十九条基础上进行的修订。

建设工程质量监督机构应当自建设单位办理完成施工许可或者开工备案手续之日起,至工程竣工验收完成之日止,依法开展公路水运工程建设的质量监督管理工作。也就是说,办理了工程质量监督手续,并不等于进入质量监督管理期。因此,质量监督机构出具"公路水运工程质量监督管理受理通知书"。一是表明建设单位所报送的工程项目资料符合质量监督管理的要求,为建设单位办理开工手续提供证明;二是表明建设单位完成了开工前的有关准备工作,基本具备工程开工条件。

原《公路工程质量监督规定》(交通部令2005年第4号)中规定自收到质量监督申请资料之日起二十日内,出具质量监督通知书,原《水运工程质量监督规定》(交通部令2000年第3号)中规定自收到《水运工程质量监督申请书》和有关文件、资料之日起十五日内,向建设单位和其他有关单位发送《水运工程质量监督通知书》,本条对公路和水运工程进行统一修订,规定在15个工作日内办理工程质量监督手续。

公路水运工程质量监督管理受理通知书中明确监督人员为新增条款,对监督管理受理通知书内容进行了规范。强调项目监督需确定监督人员,可设立项目监督组,实行项目监督组责任制,项目监督组一般不少于2名质量监督机构专业技术人员。监督管理要制定项目质量监督工作计划,确定检查内容、方式、频次以及工作要求等。施工现场应公告监督单位、监督负责人和联系方式等。

第二十四条 建设单位在办理工程质量监督手续后、工程开工前,应当按照国家有关规定办理施工许可或者开工备案手续。

交通运输主管部门或者其委托的建设工程质量监督机构应当自建设单位办理完成施工许可或者开工备案手续之日起,至工程竣工验收完成之日止,依法开展公路水运工程建设的质量监督管理工作。

【解读】 本条是关于公路工程建设项目质量监督管理期的规定,是在原《水运工程质量监督规定》(交通部令 2000 年第 3 号)第二十八条基础上进行的修订。

原《公路工程质量监督规定》(交通部令 2005 年第 4 号)中规定自出具公路工程建设项目质量监督管理通知书之日起至工程通过竣工验收止,为公路工程建设项目质量监督管理期。原《水运工程质量监督规定》(交通部令 2000 年第 3 号)中规定实行招标的水运工程自招标投标公告发布之日或投标邀请书发出之日起至工程保修期届满为止,为水运工程质量监督期;不实行招标的水运工程自申请办理水运工程监督手续之日起至工程保修期届满为止,为水运工程质量监督期。本条对公路和水运工程进行了统一修订,规定自建设单位办理完成施工许可或者开工备案手续之日起,至工程竣工验收完成之日止,为公路水运工程建设项目质量监督管理期。

这样规定,主要是明确质量监督机构实施监督管理工作的时间界面。建设单位办理完成施工许可或者开工备案手续后,即具备了合法开工的条件,此时质量监督机构应当依法开始对工程建设质量实施监管;未办理施工许可或者开工备案手续的违法开工工程,应当责令停止施工,并应依法进行查处。工程竣工验收完成后,项目建设期的质量监督管理工作任务结束,即进入运营管理期,交由运营管理单位进行管理。这样规定,一方面明确了质量监督机构的监管责任期限,督促监督人员在该期间内严格履行监管职责;另一方面,并不意味着工程完成验收、交付使用后发生了质量事故的情况,质量监督机构就不承担质量责任。如果质量事故是由于质量监督机构在监管期间履职不当导致的,仍然要承担相应责任。

第二十五条 公路水运工程交工验收前,建设单位应当组织对工程质量是否合格进行检测,出具交工验收质量检测报告,连同设计单位出具的工程设计符合性评价意见、监理单位提交的工程质量评定或者评估报告一并提交交通运输主管部门委托的建设工程质量监督机构。

交通运输主管部门委托的建设工程质量监督机构应当对建设单位提交的报告材料进行审核,并对工程质量进行验证性检测,出具工程交工质量核验意见。

工程交工质量核验意见应当包括交工验收质量检测工作组织、质量评定或者评估程序执行、监督管理过程中发现的质量问题整改以及工程质量验证性检测结果等情况。

【解读】 本条是关于公路水运工程交工验收工作的规定。依据《建设工程质量管理条例》第十六条、第十七条修订。

《建设工程质量管理条例》规定建设工程经验收合格的，方可交付使用。按照《建设工程质量管理条例》第十六条规定，建设项目只进行竣工验收。交通行业结合工程项目建设管理实际，将工程验收分为交工验收与竣工验收两个阶段，实施效果良好，故延续了目前交工验收与竣工验收两阶段验收的做法，但对验收程序和工作机制等做了重新修订。对于交工验收工作，原规定中，是由建设单位按照国家标准、行业规定等负责组织，质监机构按照有关规定对工程质量进行检测并出具检测意见，其中交工验收质量检测费用是由建设单位承担。在实际工作中，难免会出现检测数据为建设单位服务的现象，甚至存在一些"假数据""假报告"等问题。由于事权财权不统一、权责不对等，导致交工验收工作关系不顺、责任不清。

公路水运工程交工验收前提交的材料应包括、但不止于本条文所列内容。建设单位组织对工程质量是否合格进行检测，出具交工验收质量检测报告，是正常质量保证程序。设计单位应负责检查已完成的工程是否与设计相符、是否满足设计要求，并出具工程设计符合性评价意见，旨在要求设计单位加强项目建设期设计现场服务工作，履行规定的责任和义务。监理单位负责完成监理资料的汇总、整理，检查施工单位合同执行情况，核对工程数量，科学公正地对工程质量进行评定，提交工程质量评定或评估报告。

在修订工作调研中，多数意见认为在交工验收阶段，对于工程质量评价应由质监机构出具工程质量检测意见，而对工程质量的鉴定结论，绝大多数意见认为工程质量鉴定应采用备案审查制。虽然这两个结果明显矛盾，但是反映出一个心态，就是对"责任"的敬与畏。经过研究分析，一是基于事权与财权的统一原则，本条提出了在交工验收阶段，由于交工验收的主体是建设单位，交工验收检测经费也是建设单位支付，那么质监机构工作应当定位于"应当对建设单位提交的报告材料进行审核，并对工程质量进行验证性检测，出具工程交工质量核验意见"。对于工程交工质量核验意见内容，质量监督机构可进行积极探索，待成熟后可统一推广。工程质量验证性检测属于创新做法，对检测内容未做具体的规定，建议公路水运重点工程项目应包含以下内容：交竣工验收质量鉴定的不合格清单项、监督管理过程中发现的较大质量问题所涉及的指标、竣工验收复测指标以及质量监督机构认为需要进行检测的其他内容。

第二十六条 公路水运工程竣工验收前，交通运输主管部门委托的建设工程质量监督机构应当根据交通运输主管部门拟定的验收工作计划，组织对工程质量进行复测，并出具项目工程质量鉴定报告，明确工程质量水平；同时出具项目工程质量监督管理工作报告，对项目建设期质量监督管理工作进行全面总结。

工程质量鉴定报告应当以工程交工质量核验意见为参考,包括交工遗留问题和试运行期间出现的质量问题及整改、是否存在影响工程正常使用的质量缺陷、工程质量用户满意度调查及工程质量复测和鉴定结论等情况。

交通运输主管部门委托的建设工程质量监督机构应当将项目工程质量鉴定报告和项目工程质量监督管理工作报告提交负责组织竣工验收的交通运输主管部门。

【解读】 本条是关于公路水运工程竣工验收工作的规定。参照原《公路工程质量监督规定》(交通部令2005年第4号)第二十条,原《水运工程质量监督规定》(交通部令2000年第3号)第四十一条、第四十二条、第四十三条修订。

原《公路工程质量监督规定》(交通部令2005年第4号)第二十条规定:"公路工程竣工验收前,质监机构对工程质量进行质量鉴定并出具质量鉴定报告。未经质量鉴定或质量鉴定不合格的项目,不得组织竣工验收。质监机构对质量鉴定结果负责。"原《水运工程质量监督规定》(交通部令2000年第3号)第四十一条规定:"水运工程单位工程完工后,交通主管部门或其委托的质监机构应当对该单位工程进行质量鉴定,并签发《水运工程质量鉴定书》。未经交通运输主管部门或其委托的质监机构进行单位工程质量鉴定或鉴定不合格的,不能组织竣工验收";第四十二条规定:"对工期较长、结构复杂的水运工程单位工程,可分阶段进行工程质量鉴定";第四十三条规定:"水运工程竣工验收前,交通运输主管部门或其委托的质监机构应当对该工程的质量进行全面核查,提出《水运工程质量监督报告》,送建设单位和有关部门。对需要整改的,监督报告应当包含整改意见。建设单位应按《水运工程质量监督报告》中的整改意见进行整改,并在规定的时间内将整改情况向交通主管部门或其委托的质监机构报告。"

公路水运工程作为重要公共基础设施,质量事关经济社会发展、关系到人民群众生命财产安全,因此本条沿用现有做法,本着"谁批准开工许可谁负责竣工验收"的原则,明确了竣工验收工作由交通运输主管部门负责。规定竣工验收阶段,应当"组织对工程质量进行复测,并出具项目工程质量鉴定报告,明确工程质量水平;同时出具项目工程质量监督管理工作报告,对项目建设期质量监督管理工作进行全面总结"。

公路水运工程竣工验收是政府对工程项目加强事中事后监管的具体措施,基于事权与财权相统一原则,竣工质量鉴定的复测费用是质量监督机构履行职能所需工作经费,应当由同级财政预算全额保障。

关于"工程质量用户满意度",在竣工验收这个关键环节,要求在继续做好工程建设、设计、施工和监理各方责任主体自评、相关方互评的基础上,增加了通过工程质量用户满意度调查评价,以形成对建设项目工程质量水平的综合评价。这是贯彻落实《中共中央 国务院关于开展质量提升行动的指导意见》(2017 年 9 月 5 日),探索和推动质量评价由追求"合格率"向追求"满意度"跃升,以鼓励从业单位开展质量提升小组活动,促进质量管理、质量技术、质量工作方法创新。鼓励从业单位优化功能设计、模块化设计、外观设计,推行个性化定制、柔性化生产,提高工程项目安全性、适用性、耐久性、舒适性,实现绿色环保、社会认可等"品质工程"要求。

第二十七条 交通运输主管部门委托的建设工程质量监督机构具备相应检测能力的,可以自行对工程质量进行检测;不具备相应检测能力的,可以委托具有相应能力等级的第三方试验检测机构负责相应检测工作。委托试验检测机构开展检测工作的,应当遵守政府采购有关法律法规的要求。

【解读】 本条是关于公路水运工程交工验收阶段工程质量验证性检测和竣工验收阶段工程质量复测单位的选择以及委托购买技术服务的规定。根据行业部门职责定位和事权改革精神,参照《公路水运工程试验检测管理办法》(交通运输部令 2016 年第 80 号)第六条新增。

行政机关应当根据法律法规的要求行使自己的权力,履行自己的义务。但对于一些专业性、技术性很强的事项,行政机关本身不具备完成能力时,法律、法规允许行政机关将一些特定的事项委托给专业机构完成。

第二十八条 交通运输主管部门或者其委托的建设工程质量监督机构可以采取随机抽查、备案核查、专项督查等方式对从业单位实施监督检查。

公路水运工程质量监督管理工作实行项目监督责任制,可以明确专人或者设立工程项目质量监督组,实施项目质量监督管理工作。

【解读】 本条是关于公路水运工程质量监督检查方式与质量监督管理工作实施方式的规定,根据交通建设工程质量监督工作实际需要新增。

目前,质量监督机构实施监督检查的主要方式有综合督查、专项督查和日常巡查等。随着质量监督工作力度的不断加强,监督检查手段的不断升级,监督检查方式也在不断地创新,在不少地方采取了飞行检查、远程督查等方式。修订中,在通过充分讨论、分析和研究监督检查的形式与内容的基础上,提出了随机抽查、备案核查、专项督查三种主要监督检查方式。从检查频率的角度提出随机抽查,是为及时了解工程质量动态,对质量管理行为、施工现场管理、施工工艺、工程实体外观质量、内业资料等进行随机检查;从检查形式的角度提出备案核查,是对项目参建单位及人员资质、试验检测、场站、设备性能、重大工艺及方案等进行备案核查；从检查内容的角度提出专项督查，是为深入掌握建设项目的特定环节、关键工序、重要部位质量状况，以及调查质量举报等进行的有针对性督查。本条中提出三种监督检查方式，并不否定各地已经成熟的具有地域特点、富有实效的监督检查方式，而是要继承创新、相互配合。

为进一步突出质量监管责任，加强工程质量监督管理，要求质监机构严格依法、科学、规范、公正地开展质量监管工作。在监管过程中，质监机构实行项目监督责任制，明确专人或者设立工程项目质量监督组，实施项目质量监督管理工作。

第二十九条　交通运输主管部门或者其委托的建设工程质量监督机构应当制定年度工程质量监督检查计划，确定检查内容、方式、频次以及有关要求等。监督检查的内容主要包括：

（一）从业单位对工程质量法律、法规的执行情况；
（二）从业单位对公路水运工程建设强制性标准的执行情况；
（三）从业单位质量责任落实及质量保证体系运行情况；
（四）主要工程材料、构配件的质量情况；
（五）主体结构工程实体质量等情况。

【解读】　本条是关于交通运输主管部门或者其委托的工程质监机构开展工程质量监督检查的规定。依据《建设工程质量管理条例》第四十七条，参照原《公路工程质量监督规定》(交通部令 2005 年第 4 号)第六条，原《水运工程质量监督规定》(交通部令 2000 年第 3 号)第二十四条、第二十五条、第四十条，并参考《铁路建设工程质量监督管理规定》(交通运输部令 2015 年第 2 号)第四十九条修订。

职权法定是依法行政的基本要求。各级交通运输主管部门或者其委托的建设工程质量监督机构，应当按照职责分工，遵循"全覆盖、零容忍、严监管、重实效"原则，根据工程项目建设情况，制定科学合理的年度检查计划，采用随机抽查、备案核查、专项督查等方式，组织开展工程质量监督检查，这是履行质量监督管理工作职责的具体措施，也是衡量是否履职的一个标准。

年度检查计划是对监督管理受理通知书的有效补充，年度检查计划应当包括检查的范围、方式、频次(时间)、重点内容等，计划的内容应当明确具体、具有可操作性，宜采用适当的形式进行评审、批准，使之更加科学合理。

第三十条　实施监督检查时，应当有 2 名以上人员参加，并出示有效执法证件。检查人员对涉及被检查单位的技术秘密和商业秘密，应当为其保密。

【解读】 本条是关于监督检查人员工作要求的规定。依据《中华人民共和国行政处罚法》第三十七条、《中华人民共和国安全生产法》第六十四条新增。

行政机关人员在行使调查或者检查的职权时，必须有两名以上执法人员在场，并且执法人员应当向当事人或者有关人员出示表明其执法身份的有关证件。出示有效执法证件，不仅是工程质量监督检查人员行使监督检查职责时不可缺少的程序，也是证明其合法监督检查主体资格的唯一合法、有效的方式，更是工程质量监督检查人员的一项法定义务，体现了执法活动的严肃性、规范性。被检查单位也有权要求监督检查人员出示有效执法证件，对不出示有效执法证件或者出示的证件不符合要求的人员，被检查单位有权拒绝接受其所谓的"监督检查"。

在市场竞争中，技术秘密和商业秘密对生产经营单位的生产经营活动具有极其重要的意义，一旦被泄露，往往会造成难以挽回的损失。工程质量监督检查人员在执行监督检查任务时，由于检查工作需要可能会接触到被检查单位的技术秘密和商业秘密。对此，监督检查人员应提高保密意识，遵守保密义务，不得泄露生产经营单位的技术秘密和商业秘密。因故意或者过失泄露被检查单位的技术秘密和商业秘密，给被检查单位造成损失的，应依法承担相应的赔偿责任。构成犯罪的，依法追究刑事责任。

第三十一条 监督检查过程中，检查人员发现质量问题的，应当当场提出检查意见并做好记录。质量问题较为严重的，检查人员应当将检查时间、地点、内容、主要问题及处理意见形成书面记录，并由检查人员和被检查单位现场负责人签字。被检查单位现场负责人拒绝签字的，检查人员应当将情况记录在案。

【解读】 本条是关于监督检查行为规范性要求的规定。参照《安全生产法》第六十五条、第六十六条新增。

质量监督检查与安全生产监督检查的形式基本相同，都是一项重要、细致的工作，突出其真实性、及时性和公正性。

（1）真实性。体现在书面检查记录，要求记录中有检查人员、被检查人员签字，记录检查时间、地点、内容问题及处理意见，被检查人员签字能够说明质量问题的真实存在和对处理意见的认可，也为启动行政处罚的案件来源提供依据。

（2）及时性。体现在当场提出检查意见并做好记录，提出整改要求，限期整改并跟踪复查，特别是隐蔽工程存在的质量隐患、质量问题必须及时提出整改要求，彻底整改处理到位，避免造成永久性的质量缺陷。

（3）公正性。被检查单位现场负责人签字，可以对发现的质量问题进行澄清、辩解，对其真实性进行质疑，体现出检查与被检查单位的对等原则，能有效杜绝弄虚作假、徇私舞弊。

检查记录一般是书面通知形式，其格式可根据具体情况而定，但应体现以下几个方面：

一是检查时间、检查地点；二是检查内容、发现的问题、处理意见（立即处理还是限期处理）；三是检查记录应由检查人员和被检查单位负责人签字，同时还包括被检查单位的有关负责人。如果被检查单位负责人拒绝签字的，检查人员应当将情况在检查记录中予以说明，并向本单位领导报告，抄告被检查单位。负责人拒绝签字的，不影响检查记录的有效性。

为确保监督检查工作的规范性，交通运输主管部门可以将监督检查记录制作成标准格式，要求检查人员按格式进行填写。如果没有制作标准格式的，也应提出具体的记录要求。

第三十二条 交通运输主管部门或者其委托的建设工程质量监督机构履行监督检查职责时，有权采取下列措施：

（一）进入被检查单位和施工现场进行检查；

（二）询问被检查单位工作人员，要求其说明有关情况；

（三）要求被检查单位提供有关工程质量的文件和材料；

（四）对工程材料、构配件、工程实体质量进行抽样检测；

（五）对发现的质量问题，责令改正，视情节依法对责任单位采取通报批评、罚款、停工整顿等处理措施。

【解读】 本条依据《建设工程质量管理条例》第四十八条修订。

《建设工程质量管理条例》第四十八条规定："履行监督检查职责时，有权采取下列措施：（一）要求被检查单位提供有关工程质量的文件和资料；（二）进入被检查单位的施工现场进行检查；（三）发现有影响工程质量的问题时，责令改正。"

参照《安全生产法》，本条增加了"（二）询问被检查单位工作人员，要求其说明有关情况；（四）对工程材料、构配件、工程实体质量进行抽样检测；（五）对发现的质量问题，视情节依法对责任单位采取通报批评、罚款、停工整顿等处理措施"。有权采取的措施中，增加了以下三项：

（1）询问权。询问是监督检查的基本方法之一，也是对质量文件和资料真实性进行取证的手段之一。当发现质量疑问时，有必要通过质询，甄别是否存在质量问题，必要时需制作询问笔录，为后续行政处罚案件来源打下基础，体现了公正执法和违法必究的原则。

（2）抽样检测权。工程内在质量状况一般要通过对工程材料、构配件、工程实体质量进行抽样检测,依据检测数据进行判定,这是发现质量问题的必要手段。质量等级的评价以数据说话,体现了科学监督的原则。

(3)行政处罚权。《行政处罚法》规定,公民、法人或者其他组织违反行政管理秩序的行为,应当给予行政处罚。对发现的质量问题,视情节依法对责任单位采取通报批评、罚款、停工整顿等处理措施,体现了质量监督行政执法的强制性,也是促进从业单位诚实守信、有力推进信用体系建设的重要手段。

第三十三条 从业单位及其工作人员应当主动接受、配合交通运输主管部门或者其委托的建设工程质量监督机构的监督检查,不得拒绝或者阻碍。

【解读】 本条依据《建设工程质量管理条例》第五十条"有关单位和个人对县级以上人民政府建设行政主管部门和其他有关部门进行的监督检查应当支持与配合,不得拒绝或者阻碍建设工程质量监督检查人员依法执行职务"修订。

第三十四条 公路水运工程发生质量事故,建设、施工单位应当按照交通运输部制定的公路水运建设工程质量事故等级划分和报告制度,及时、如实报告。交通运输主管部门或者其委托的建设工程质量监督机构接到事故报告后,应当按有关规定上报事故情况,并及时组织事故抢救,组织或者参与事故调查。

【解读】 本条依据《建设工程质量管理条例》第五十二条"建设工程发生质量事故,有关单位应当在24小时内向当地建设行政主管部门和其他有关部门报告。对重大质量事故,事故发生地的建设行政主管部门和其他有关部门应当按照事故类别和等级向当地人民政府和上级建设行政主管部门和其他有关部门报告。特别重大质量事故的调查程序按照国务院有关规定办理"修订。

交通运输部《公路水运建设工程质量事故等级划分和报告制度》(交办安监〔2016〕146号)、交通运输部《突发事件应急工作暂行规范》(交通运输部令2011年第9号)等文件,对质量事故等级划分、报告制度以及应急处置等作出了明确规定。

第三十五条 任何单位和个人都有权如实向交通运输主管部门及其委托的建设工程质量监督机构举报、投诉工程质量事故和质量问题。

【解读】 本条依据《建设工程质量管理条例》第五十三条"任何单位和个人对建设工程的质量事故、质量缺陷都有权检举、控告、投诉"修订。

参照《公路建设监督管理办法》(交通部令2006年第6号)第三十一条"县级以上人民政府交通主管部门应定期向社会公开发布公路建设市场管理、工程进展、工程质量状况、工程质量和安全事故处理等信息,接受社会监督"以及第三十三条"公路建设实行工程质量举报制度,任何单位和个人对公路建设中违反国家法律、法规的行为,工程质量事故和质量缺陷都有权向县级以上人民政府交通主管部门或质量监督机构检举和投诉"。

《中共中央　国务院关于开展质量提升行动的指导意见》(2017年9月5日)要求推进质量全民共治。创新质量治理模式,注重社会各方参与,健全社会监督机制,推进以法治为基础的社会多元治理,构建市场主体自治、行业自律、社会监督、政府监管的质量共治格局。

第三十六条　交通运输主管部门应当加强对工程质量数据的统计分析,建立健全质量动态信息发布和质量问题预警机制。

【解读】　本条为新增条款。参照《中华人民共和国统计法》第七条规定:"国家机关、企业事业单位和其他组织以及个体工商户和个人等统计调查对象,必须依照本法和国家有关规定,真实、准确、完整、及时地提供统计调查所需的资料,不得提供不真实或者不完整的统计资料,不得迟报、拒报统计资料。"以及第二十一条规定:"国家机关、企业事业单位和其他组织等统计调查对象,应当按照国家有关规定设置原始记录、统计台账,建立健全统计资料的审核、签署、交接、归档等管理制度"。

建立健全质量动态信息发布和质量问题预警机制,有利于质量问题事前预控和事中针对性地强化管理,最大限度地减少工程质量通病发生概率,做到防患于未然。

第三十七条　交通运输主管部门应当完善公路水运工程质量信用档案,健全质量信用评价体系,加强对公路水运工程质量的信用评价管理,并按规定将有关信用信息纳入交通运输和相关统一信用信息共享平台。

【解读】　本条是关于对工程质量违法违规行为进行失信记录的规定。依据《交通运输部关于印发公路水运工程建设质量安全违法违规行为信息公开工作规则的通知》(交安监发〔2015〕167号)修订。

党的十八大提出"加强政务诚信、商务诚信、社会诚信和司法公信建设";十八届三中全会提出"建立健全社会征信体系,褒扬诚信,惩戒失信"。公路水运工程建设领域开展信用体系建设,也是国家治理体系建设和信用中国建设的一个组成部分,具有举足轻重的意义。《交通运输部关于印发公路水运工程建设质量安全违法违规行为信息公开工作规则的通知》(交安监发〔2015〕167号)要求,通过对违法违规行为信息公开与共享,并逐步纳入国家统一的信用信息数据共享库,形成行业监督管理合力,加大违法违规成本,提高震慑力。针对严重违法违规行为和典型案例还应当采取多部门联合惩戒的方式,营造工程质量"一处失信、处处受限"的市场环境,推动从业单位和个人落实责任,提高行业自律水平。

建立市场诚信体系,规范市场行为,引导从业单位和从业人员自觉遵章守纪,切实提升质量意识、责任意识和信用意识,是工程建设市场管理的重要内容。

第三十八条　交通运输主管部门应当健全违法违规信息公开制度,将从业单位及其人员的失信行为、举报投诉并被查实的质量问题、发生的质量事故、监督检查结果等情况,依法向社会公开。

【解读】　本条依据《中华人民共和国政府信息公开条例》修订。交通运输主管部门应当健全违法违规信息公开制度,将从业单位及其人员的失信行为、举报投诉并被查实的质量问题、发生的质量事故、监督检查结果等情况,依法向社会公开,并主动接受社会监督。

违法违规信息公开工作需要注意五个基本要求:一是公开的是工程建设活动中的违法违规行为及其从业单位与人员的不良行为信息;二是公开的违法违规信息是经有关交通运输主管部门认定的事实描述,不是行政处罚;三是违法违规信息公开的主体是直接负有监督管理职责的交通运输主管部门;四是违法违规行为信息有一定的时限性;五是违法违规信息公开程序应当对外公布。

第四章　法　律　责　任

法律责任一章共9条,主要是对从业单位以及相关责任人违反本规定的违法行为进行处罚,对交通运输主管部门及其委托的建设工程质量监督机构工作人员在质量监督管理工作中的不当行为进行追责问责等内容,突出针对性、可操作性。

第三十九条　违反本规定第十条规定,勘察、设计单位未按照工程建设强制性标准进行勘察、设计的,设计单位未根据勘察成果文件进行工程设计的,依照《建设工程质量管理条例》第六十三条规定,责令改正,按以下标准处以罚款;造成质量事故的,责令停工整顿:

(一)工程尚未开工建设的,处10万元以上20万元以下的罚款;

(二)工程已开工建设的,处20万元以上30万元以下的罚款。

【解读】 本条是关于勘察、设计单位违反本规定第十条的规定所实施的行政处罚。依据《建设工程质量管理条例》第六十三条规定进行具体细化，根据勘察、设计单位的上述违法行为对工程质量影响的不同程度进行处罚。

第四十条 违反本规定第十四条规定，施工单位不按照工程设计图纸或者施工技术标准施工的，依照《建设工程质量管理条例》第六十四条规定，责令改正，按以下标准处以罚款；情节严重的，责令停工整顿：

（一）未造成工程质量事故的，处所涉及单位工程合同价款2%的罚款；

（二）造成工程质量一般事故的，处所涉及单位工程合同价款2%以上3%以下的罚款；

（三）造成工程质量较大及以上等级事故的，处所涉及单位工程合同价款3%以上4%以下的罚款。

【解读】 本条是对施工单位未按设计图纸和技术标准施工的违法行为所实施的行政处罚。工程合同价款是指按有关规定或协议条款约定的各种取费标准计算的，用以支付乙方按照合同要求完成工程内容的价款总额。单位工程合同价款即为完成该单位工程内容的价款总额。《建设工程质量管理条例》第六十四条规定的处罚标准，是按照工程合同价款2%以上4%以下进行罚款。由于公路水运工程施工标段的合同价款数额大，在质量监督执法处罚实际工作中，各地普遍存在执法难、处罚难的问题，可操作性不强。因此，本条将罚款基数由"标段合同价款"修订为"单位工程合同价款"。同时，根据上述违法行为对工程质量所造成的影响分为未造成工程质量事故的、造成工程质量一般事故的、造成工程质量较大及以上等级事故的三种情形，分别进行相应罚款数额的行政处罚。

第四十一条 违反本规定第十四条规定，施工单位未按规定对原材料、混合料、构配件等进行检验的，依照《建设工程质量管理条例》第六十五条规定，责令改正，按以下标准处以罚款；情节严重的，责令停工整顿：

（一）未造成工程质量事故的，处10万元以上15万元以下的罚款；

（二）造成工程质量事故的，处15万元以上20万元以下的罚款。

【解读】 本条是关于施工单位未按规定对原材料和实体质量进行检验的违法行为所实施的行政处罚。依据《建设工程质量管理条例》第六十五条规定修订，细化为未造成工程质量事故和造成工程质量事故两种违法行为情节，按照不同的量化标准进行处罚。

第四十二条　违反本规定第十五条规定,施工单位对施工中出现的质量问题或者验收不合格的工程,未进行返工处理或者拖延返工处理的,责令改正,处1万元以上3万元以下的罚款。

施工单位对保修范围和保修期限内发生质量问题的工程,不履行保修义务或者拖延履行保修义务的,依照《建设工程质量管理条例》第六十六条规定,责令改正,按以下标准处以罚款:

(一)未造成工程质量事故的,处10万元以上15万元以下的罚款;

(二)造成工程质量事故的,处15万元以上20万元以下的罚款。

【解读】　本条是关于施工单位未按规定对质量问题和不合格工程进行处理的违法行为所实施的行政处罚。其中第一款是依据《建设工程质量管理条例》第三十二条、《行政处罚法》第十二条新增。第二款是依据《建设工程质量管理条例》第六十六条进行细化。

《建设工程质量管理条例》第三十二条要求施工单位对施工中出现质量问题的建设工程或者竣工验收不合格的建设工程,应当负责返修。但在《建设工程质量管理条例》罚则中,未对此违法行为明确具体的处罚措施。根据《行政处罚法》第十二条"国务院部、委员会制定的规章可以在法律、行政法规规定的给予行政处罚的行为、种类和幅度的范围内作出具体规定。"本条规定对该违法行为处以1万元以上3万元以下的罚款,罚款幅度符合法律、行政法规的规定。

对施工单位在保修范围和保修期限内发生质量问题的工程,不履行保修义务或者拖延履行保修义务的,本条规定细化分为未造成工程质量事故和造成工程质量事故两种违法行为情节,按照不同的量化标准进行处罚。

第四十三条　违反本规定第十七条规定,监理单位在监理工作中弄虚作假、降低工程质量的,或者将不合格的建设工程、建筑材料、建筑构配件和设备按照合格签字的,依照《建设工程质量管理条例》第六十七条规定,责令改正,按以下标准处以罚款,降低资质等级或者吊销资质证书;有违法所得的,予以没收:

(一)未造成工程质量事故的,处50万元以上60万元以下的罚款;

(二)造成工程质量一般事故的,处60万元以上70万元以下的罚款;

(三)造成工程质量较大事故的,处70万元以上80万元以下的罚款;

(四)造成工程质量重大及以上等级事故的,处80万元以上100万元以下的罚款。

【解读】　本条依据《建设工程质量管理条例》第六十七条的规定进行具体细化修订。

一般质量事故,是指造成直接经济损失 100 万元以上 1 000 万元以下,或者除高速公路以外的公路项目中桥或大桥主体结构垮塌、中隧道或长隧道结构坍塌,或者小型水运工程主体结构垮塌、报废的事故。

较大质量事故,是指造成直接经济损失 1 000 万元以上 5 000 万元以下,或者高速公路项目中桥或大桥主体结构垮塌、中隧道或长隧道结构坍塌、路基(行车道宽度)整体滑移,或者中型水运工程主体结构垮塌、报废的事故。

重大质量事故,是指造成直接经济损失 5 000 万元以上 1 亿元以下,或者特大桥主体结构垮塌、特长隧道结构坍塌,或者大型水运工程主体结构垮塌、报废的事故。

特别重大质量事故,是指造成直接经济损失 1 亿元以上的事故。

根据监理单位上述违法行为对工程质量造成的后果,按照未造成工程质量事故、造成一般质量事故、造成较大事故和造成重大及以上等级事故四种情形,分别采取不同的量化标准进行处罚。

第四十四条 违反本规定第十八条规定,设立工地临时试验室的单位弄虚作假、出具虚假数据报告的,责令改正,处 1 万元以上 3 万元以下的罚款。

【解读】 本条是对施工、监理单位设立的工地试验室出具假数据、假报告等违法行为所实施的行政处罚。根据《交通运输部关于修改〈公路水运工程试验检测管理办法〉的决定》(交通运输部令 2016 年第 80 号)和《行政处罚法》第十二条新增。

工地临时试验室作为施工、监理单位在施工现场设立的临时机构,对保证工程质量具有十分重要的作用。当前,在公路水运工程质量管理过程中,由于各参建单位对试验检测工作的重视程度不同以及试验检测从业人员自身业务素质和职业素养参差不齐,导致假数据、假报告等现象不同程度地存在。

根据《行政处罚法》第十二条"国务院部、委员会制定的规章可以在法律、行政法规规定的给予行政处罚的行为、种类和幅度的范围内作出具体规定。"对试验检测假数据、假报告等违法违规行为处以 1 万元以上 3 万元以下的罚款,罚款幅度符合法律、行政法规的规定。

第四十五条 违反本规定第二十二条规定,建设单位未按照规定办理工程质量监督手续的,依照《建设工程质量管理条例》第五十六条规定,责令改正,按以下标准处以罚款:

(一)未造成工程质量事故的,处 20 万元以上 30 万元以下的罚款;

(二)造成工程质量一般事故的,处30万元以上40万元以下的罚款;

(三)造成工程质量较大及以上等级事故的,处40万元以上50万元以下的罚款。

【解读】 本条是关于建设单位未按规定办理监督手续实施行政处罚的规定。依据《建设工程质量管理条例》第五十六条规定进行修订细化。

在《建设工程质量管理条例》第五十六条规定的基础上,对建设单位未按规定办理质量监督手续的,视对工程质量所造成的不同影响程度,分为未造成工程质量事故的、造成工程质量一般事故的和造成工程质量较大及以上等级事故的三种情形,进行一定数额的罚款。

第四十六条 依照《建设工程质量管理条例》规定给予单位罚款处罚的,对单位直接负责的主管人员和其他直接责任人员处单位罚款数额5%以上10%以下的罚款。

【解读】 本条是关于对被处罚单位相关责任人进行罚款处罚的规定,依据《建设工程质量管理条例》第七十三条新增。

根据交通运输部《关于严格落实公路工程质量责任制的若干意见》,公路建设从业单位应当分解落实工程建设各岗位、各环节质量责任,明确质量责任人。公路建设从业人员的质量责任在本单位质量责任范围内按以下原则划分:从业单位的法定代表人和主管负责人,对本单位所承担公路工程的质量工作负领导责任;从业单位的技术负责人,对本单位所承担公路工程的质量工作负工程技术方面责任;从业单位的工程项目负责人,对工程项目现场的质量工作负直接领导责任;具体工作人员为直接责任人。

第四十七条 交通运输主管部门及其委托的建设工程质量监督机构的工作人员在监督管理工作中玩忽职守、滥用职权、徇私舞弊的,依法给予处分;构成犯罪的,依法追究刑事责任。

【解读】 本条是关于交通运输主管部门及其委托的建设工程质量监督机构的工作人员违反本规定实施行政处分的规定,依据《建设工程质量管理条例》第七十六条修订。

对于一般行政违法行为,依法给予行政处分。行政处分是指国家机关、企事业单位对所属的国家工作人员违法失职行为尚不构成犯罪,依据法律、法规所规定的权限而给予的一种惩戒。行政处分种类包括:警告、记过、记大过、降级、撤职、开除。

第五章 附 则

第四十八条 乡道、村道工程建设的质量监督管理参照本规定执行。

【解读】 本条是关于本规定适用范围的补充规定。依据《农村公路建设管理办法》(交通部令2006年第3号)第四条、第七条新增。

根据《农村公路建设管理办法》(交通部令2006年第3号)规定,农村公路建设应当由地方人民政府负责,交通运输部负责全国农村公路建设的行业管理。近年来,一些地区相继出台了农村公路建设管理的地方性法规,规定县级人民政府是本行政区域内农村公路规划、建设、养护和管理的责任主体,应当组织有关部门做好农村公路工作。

当前,农村公路建设项目点多、面广、线长,各地建设管理体制、建设程序、管理模式、资金筹措方式等,不同于高速公路、国省干线和港口航道工程,项目主要资本金一般由省财政直接拨付到县,一些地区因建设资金不足,采用以奖代补鼓励自筹自建。为此,从实际出发,本条规定:地方人民政府已经出台农村公路建设管理办法的应当适用其规定,这符合事权财权相统一原则;地方政府没有出台农村公路建设管理规定的,农村公路建设项目经审批或核准的,其质量监督管理工作应当参照本规定执行。

第四十九条 本规定自2017年12月1日起施行。交通部于1999年2月24日发布的《公路工程质量管理办法》(交公路发〔1999〕90号)、2000年6月7日发布的《水运工程质量监督规定》(交通部令2000年第3号)和2005年5月8日发布的《公路工程质量监督规定》(交通部令2005年第4号)同时废止。

【解读】 本条是关于本规定施行日期、现行有关规范性文件废止的规定。

本规定根据《建设工程质量管理条例》(国务院令2000年第279号)等上位法规定,公路水运工程实行质量监督管理制度。基于公路工程和水运工程的质量监督管理的主体、工程基本建设程序及工程建设规律基本相同的特点,将原公路和水运工程中涉及质量监督管理的《公路工程质量管理办法》(交公路发〔1999〕90号)、《公路工程质量监督规定》(交通部令2005年第4号)和《水运工程质量监督规定》(交通部令2000年第3号),以及分散在部先后出台的工程质量监督管理文件中的有关要求,合并修订为一个规定,即《公路水运工程质量监督管理规定》。因此,本规定施行后,上述两个部令、一个规范性文件同时废止。

本规定施行以后,应及时做好以下三个方面的工作：

一要对现行的有关法规、规章及其他文件进行清理,对与本规定不一致的内容进行修订。同时编制与本规定配套的技术规范和相关管理规定等。

二要加强宣贯。各地交通运输主管部门、各相关单位要从质量问题是我国经济社会发展的一个战略问题、关系人民群众切身利益的高度,加强宣贯学习,明确各自的责任、义务和相关的行为规范,确保本规定落地落实。

三要制订实施细则。各地交通运输主管部门要按照本规定要求,结合本地区实际情况,制订实施细则,健全完善相关配套制度措施,全面落实各方主体的工程质量责任,加强工程质量监督管理队伍建设,依法强化工程质量监管,不断提高监管水平。

附 件 A

有关质量法律法规

A.1 中华人民共和国公路法(节选)

(中华人民共和国主席令第八十一号)

第六条 公路按其在公路路网中的地位分为国道、省道、县道和乡道,并按技术等级分为高速公路、一级公路、二级公路、三级公路和四级公路。具体划分标准由国务院交通主管部门规定。

第八条 国务院交通主管部门主管全国公路工作。

县级以上地方人民政府交通主管部门主管本行政区域内的公路工作;但是,县级以上地方人民政府交通主管部门对国道、省道的管理、监督职责,由省、自治区、直辖市人民政府确定。

乡、民族乡、镇人民政府负责本行政区域内的乡道的建设和养护工作。

县级以上地方人民政府交通主管部门可以决定由公路管理机构依照本法规定行使公路行政管理职责。

第十条 国家鼓励公路工作方面的科学技术研究,对在公路科学技术研究和应用方面作出显著成绩的单位和个人给予奖励。

第二十条 县级以上人民政府交通主管部门应当依据职责维护公路建设秩序,加强对公路建设的监督管理。

第二十二条 公路建设应当按照国家规定的基本建设程序和有关规定进行。

第二十三条 公路建设项目应当按照国家有关规定实行法人负责制度、招标投标制度和工程监理制度。

第二十五条 公路建设项目的施工,须按国务院交通主管部门的规定报请县级以上地方人民政府交通主管部门批准。

第二十六条 公路建设必须符合公路工程技术标准。

承担公路建设项目的设计单位、施工单位和工程监理单位,应当按照国家有关规定建立健全质量保证体系,落实岗位责任制,并依照有关法律、法规、规章以及公路工程技术标准的要求和合同约定进行设计、施工和监理,保证公路工程质量。

第三十三条 公路建设项目和公路修复项目竣工后,应当按照国家有关规定进行验收;未经验收或者验收不合格的,不得交付使用。

第六十九条 交通主管部门、公路管理机构依法对有关公路的法律、法规执行情况进行监督检查。

第七十一条 公路监督检查人员依法在公路、建筑控制区、车辆停放场所、车辆所属单位等进行监督检查时,任何单位和个人不得阻挠。

公路经营者、使用者和其他有关单位、个人,应当接受公路监督检查人员依法实施的监督检查,并为其提供方便。

公路监督检查人员执行公务,应当佩戴标志,持证上岗。

第七十五条 违反本法第二十五条规定,未经有关交通主管部门批准擅自施工的,交通主管部门可以责令停止施工,并可以处五万元以下的罚款。

第七十六条 有下列违法行为之一的,由交通主管部门责令停止违法行为,可以处三万元以下的罚款:

(二)违反本法第四十五条规定,未经同意或者未按照公路工程技术标准的要求修建桥梁、渡槽或者架设、埋设管线、电缆等设施的;

(三)违反本法第四十七条规定,从事危及公路安全的作业的。

A.2　中华人民共和国航道法(节选)

(中华人民共和国主席令第四十八号)

第五条　国务院交通运输主管部门主管全国航道管理工作,并按照国务院的规定直接管理跨省、自治区、直辖市的重要干线航道和国际、国境河流航道等重要航道。

县级以上地方人民政府交通运输主管部门按照省、自治区、直辖市人民政府的规定主管所辖航道的管理工作。

国务院交通运输主管部门按照国务院规定设置的负责航道管理的机构和县级以上地方人民政府负责航道管理的部门或者机构(以下统称负责航道管理的部门),承担本法规定的航道管理工作。

第十条　新建航道以及为改善航道通航条件而进行的航道工程建设,应当遵守法律、行政法规关于建设工程质量管理、安全管理和生态环境保护的规定,符合航道规划,执行有关的国家标准、行业标准和技术规范,依法办理相关手续。

第十一条　航道建设单位应当根据航道建设工程的技术要求,依法通过招标等方式选择具有相应资质的勘察、设计、施工和监理单位进行工程建设,对工程质量和安全进行监督检查,并对工程质量和安全负责。

第十二条　有关县级以上人民政府交通运输主管部门应当加强对航道建设工程质量和安全的监督检查,保障航道建设工程的质量和安全。

第十三条　航道建设工程竣工后,应当按照国家有关规定组织竣工验收,经验收合格方可正式投入使用。

第三十八条　航道建设、勘察、设计、施工、监理单位在航道建设活动中违反本法规定的,由县级以上人民政府交通运输主管部门依照有关招标投标和工程建设管理的法律、行政法规的规定处罚。

第三十九条　建设单位未依法报送航道通航条件影响评价材料而开工建设的,由有审核权的交通运输主管部门或者航道管理机构责令停止建设,限期补办手续,处三万元以下的罚款;逾期不补办手续继续建设的,由有审核权的交通运输主管部门或者航道管理机构责令恢复原状,处二十万元以上五十万元以下的罚款。

报送的航道通航条件影响评价材料未通过审核,建设单位开工建设的,由有审核权的交通运输主管部门或者航道管理机构责令停止建设、恢复原状,处二十万元以上五十万元以下的罚款。

A.3　中华人民共和国港口法(节选)

(中华人民共和国主席令第二十三号)

第六条　国务院交通主管部门主管全国的港口工作。

地方人民政府对本行政区域内港口的管理,按照国务院关于港口管理体制的规定确定。

依照前款确定的港口管理体制,由港口所在地的市、县人民政府管理的港口,由市、县人民政府确定一个部门具体实施对港口的行政管理;由省、自治区、直辖市人民政府管理的港口,由省、自治区、直辖市人民政府确定一个部门具体实施对港口的行政管理。

第十五条　按照国家规定须经有关机关批准的港口建设项目,应当按照国家有关规定办理审批手续,并符合国家有关标准和技术规范。

第十九条　港口设施建设项目竣工后,应当按照国家有关规定经验收合格,方可投入使用。

第四十二条　港口行政管理部门依据职责对本法执行情况实施监督检查。

港口行政管理部门的监督检查人员依法实施监督检查时,有权向被检查单位和有关人员了解有关情况,并可查阅、复制有关资料。

监督检查人员对检查中知悉的商业秘密,应当保密。

监督检查人员实施监督检查时,应当出示执法证件。

第四十三条　监督检查人员应当将监督检查的时间、地点、内容、发现的问题及处理情况作出书面记录,并由监督检查人员和被检查单位的负责人签字;被检查单位的负责人拒绝签字的,监督检查人员应当将情况记录在案,并向港口行政管理部门报告。

第四十四条　被检查单位和有关人员应当接受港口行政管理部门依法实施的监督检查,如实提供有关情况和资料,不得拒绝检查或者隐匿、谎报有关情况和资料。

第四十五条　有下列行为之一的,由县级以上地方人民政府或者港口行政管

理部门责令限期改正;逾期不改正的,由作出限期改正决定的机关申请人民法院强制拆除违法建设的设施;可以处五万元以下罚款:

(一)违反港口规划建设港口、码头或者其他港口设施的;

(二)未经依法批准,建设港口设施使用港口岸线的。

A.4 建设工程质量管理条例(节选)

(中华人民共和国国务院令第687号)

第三条 建设单位、勘察单位、设计单位、施工单位、工程监理单位依法对建设工程质量负责。

第四条 县级以上人民政府建设行政主管部门和其他有关部门应当加强对建设工程质量的监督管理。

第六条 国家鼓励采用先进的科学技术和管理方法,提高建设工程质量。

第十一条 建设单位应当将施工图设计文件报县级以上人民政府建设行政主管部门或者其他有关部门审查。施工图设计文件审查的具体办法,由国务院建设行政主管部门会同国务院其他有关部门制定。施工图设计文件未经审查批准的,不得使用。

第十三条 建设单位在领取施工许可证或者开工报告前,应当按照国家有关规定办理工程质量监督手续。

第十六条 建设单位收到建设工程竣工报告后,应当组织设计、施工、工程监理等有关单位进行竣工验收。

第二十条 勘察单位提供的地质、测量、水文等勘察成果必须真实、准确。

第二十一条 设计单位应当根据勘察成果文件进行建设工程设计。设计文件应当符合国家规定的设计深度要求,注明工程合理使用年限。

第二十三条 设计单位应当就审查合格的施工图设计文件向施工单位作出详细说明。

第二十四条 设计单位应当参与建设工程质量事故分析,并对因设计造成的质量事故,提出相应的技术处理方案。

第二十六条 施工单位对建设工程的施工质量负责。施工单位应当建立质量责任制,确定工程项目的项目经理、技术负责人和施工管理负责人。

第二十八条 施工单位必须按照工程设计图纸和施工技术标准施工,不得擅自修改工程设计,不得偷工减料。施工单位在施工过程中发现设计文件和图纸有差错的,应当及时提出意见和建议。

第二十九条 施工单位必须按照工程设计要求、施工技术标准和合同约定的,对建筑材料、建筑构配件、设备和商品混凝土进行检验,检验应当有书面记录和专人签字;未经检验和检验产不合格的,不得使用。

第三十条 施工单位必须建立、健全施工质量的检验制度,严格工序管理,作好隐蔽工程的质量检查和记录。

第三十二条 施工人员对施工出现质量问题的建设工程或者竣工验收不合格的建设工程,应当负责返修。

第三十六条 工程监理单位应当依照法律、法规以及有关技术标准、设计文件和建设工程承包合同,代表建设单位对施工质量实施监理,并对施工质量承担监理责任。

第三十七条 工程监理单位应当选派具有相应资格的总监理工程师进驻施工现场。未经监理工程师签字,建筑材料、建筑物配件、设备不得在工程上使用或者安装,施工单位不得进行下一道工序的施工,未经总监理工程师签字,建设单位不得拨付工程款,不得进行竣工验收。

第四十三条 国家实行建设工程质量监督管理制度。国务院建设行政主管部门对全国的建设工程质量实施统一监督管理。国务院铁路、交通、水利等有关部门按照国务院规定的职责分工,负责对全国的有关专业建设工程质量的监督管理。县级以上地方人民政府建设行政主管部门对本行政区域内的建设工程质量实施监督管理。县级以上地方人民政府交通、水利等有关部门在各自的职责范围内,负责对本行政区域内专业建设工程质量的监督管理。

第四十六条 建设工程质量监督管理,可以由建设行政主管部门或者其他有关部门委托的建设工程质量监督机构具体实施。从事房屋建筑工程和市政基础施工工程质量监督的机构,必须按照国家有关规定经国务院建设行政主管部门或者省、自治区、直辖市人民政府建设行政主管部门考核;从事专业建设工程质量监督的机构,必须按照国家有关规定经国务院有关部门或者省、自治区、直辖市人民政府有关部门考核。经考核合格后,方可实施质量监督。

第四十七条 县级以上地方人民政府建设行政主管部门和其他有关部门应当加强对有关建设工程质量的法律、法规和强制性标准执行情况的监督检查。

第四十八条 县级以上人民政府建设行政主管部门和其他有关部门履行监督检查职责时,有权采取下列措施:(一)要求被检查的单位提供有关工程质量的文件和资料;(二)进入被检查的施工现场进行检查;(三)发现有影响工程质量的问题,责令改正。

第五十条 有关单位和个人对县级以上人民政府建设行政主管部门和其他有关部门进行监督检查应当支持与配合,不得拒绝或者阻碍建设工程质量监督检查人员依法执行职务。

第五十二条 建设工程发生质量事故,有关单位应当在24小时内向当地建设行政主管部门和其他有关部门报告。对重大质量事故,事故发生地的建设行政主管部门和其他有关部门应当按照事故类别和等级向当地人民政府和上级建设行政主管部门和其他有关部门报告。特别重大事故的调查程序按照国务院有关规定办理。

第五十三条 任何单位和个人对建设工程质量事故、质量缺陷都有权检举、控告、投诉。

第六十三条 违反本条例规定,有下列行为之一的,责令改正,处以10万元以上30万元以下的罚款;(一)勘察单位未按照工程建设强制性标准进行勘察的;(二)设计单位未根据勘察成果文件进行工程设计的;(三)设计单位指定建筑材料人、建筑构配件的生产厂、供应商的;(四)设计单位未按照工程建设强制性标准进行设计的。有前款所列行为,造成工程质量事故的,责令停业整顿,降低资质等级;情节严重的,吊销资质证书;造成损失的,依法承担赔偿责任。

第六十四条 违反本条例规定,施工单位在施工中偷工减料的,使用不合格的建筑材料、建筑构配件和设备的,或者有不按照工程设计图纸或者施工技术标准施工的其他行为的,责令改正,处工程合同价款百分之二以上百分之四以下的罚款;造成建设工程质量不符合规定的质量标准的,负责返工、修理,并赔偿并因此造成的损失;情节严重的,责令停业整顿,降低资质等级或者吊销资质证书。

第六十五条 违反本条例规定,施工单位未对建筑材料、建筑构配件、设备和商品混凝土进行检验,或者未对涉及结构安全的试块、试件以及有关材料的取样检测的,责令改正,处10万元以上20万元以下的罚款;情节严重的,责令停业整顿,降低资质等级或者吊销资质证书;造成损失的,依法承担赔偿责任。

第六十六条 违反本条例规定,施工单位不履行保修义务或者拖延履行保修义务的,责令改正,处10万元以上20万元以下的罚款,并在保修期内因质量缺陷造成的损失承担赔偿责任。

第六十七条 工程监理单位有下列行为之一的,责令改正,处50万元以上100万元以下的罚款,降低资质等级或者吊销资质证书;有违法所得的,予以没收,造成损失的,承担连带赔偿责任:(一)与建设单位或者施工单位串通、弄虚作假、降低工程质量的;(二)将不合格的建设工程、建筑材料、建筑构配件和设备按照合格签字的。

第七十二条 违反本条例规定,注册建筑师、注册结构工程师、监理工程师等注册执业人员因过错造成严重事故的,责令停止执业1年,造成重大质量事故的,吊销执业资格证书,5年以内不予注册;情节特别恶劣的,终身不予注册。

第七十三条 依照本条例规定,给予单位罚款处罚的,对单位直接负责的主管人员和其他直接责任人员处单位罚款百分之五以上百分之十以下的罚款。

A.5 建设工程勘察设计管理条例(节选)

(中华人民共和国国务院令第662号)

第五条 县级以上人民政府建设行政主管部门和交通、水利等有关部门应当依照本条例的规定,加强对建设工程勘察、设计活动的监督管理。建设工程勘察、设计单位必须依法进行建设工程勘察、设计,严格执行工程建设强制性标准,并对建设工程勘察、设计的质量负责。

第六条 国家鼓励在建设工程勘察、设计活动中采用先进技术、先进工艺、先进设备、新型材料和现代管理方法。

第二十五条 编制建设工程勘察、设计文件,应当以下列规定为依据:(一)项目批准文件;(二)城市规划;(三)工程建设强制性标准;(四)国家规定的建设工程勘察、设计深度要求。铁路、交通、水利等专业建设工程,还应当以专业规划的要求为依据。

第二十六条 编制建设工程勘察文件,应当真实、准确,满足建设工程规划、选址、设计、岩土治理和施工的需要。

编制方案设计文件,应当满足编制初步设计文件和控制概算的需要。编制初步设计文件,应当满足编制施工招标文件、主要设备材料订货和编制施工图设计文件的需要。编制施工图设计文件,应当满足设备材料采购、非标准设备制作和施工的需要,并注明建设工程合理使用年限。

第二十七条 设计文件中选用的材料、构配件、设备,应当注明其规格、型号、性能等技术指标,其质量要求必须符合国家规定的标准。除有特殊要求的建筑材料、专用设备和工艺生产线等外,设计单位不得指定生产厂、供应商。

第二十八条 建设单位、施工单位、监理单位不得修改建设工程勘察、设计文件;确需修改建设工程勘察、设计文件的,应当由原建设工程勘察、设计单位修改。经原建设工程勘察、设计单位书面同意,建设单位也可以委托其他具有相应资质的建设工程勘察、设计单位修改。修改单位对修改的勘察、设计文件承担相应责任。

施工单位、监理单位发现建设工程勘察、设计文件不符合工程建设强制性标准、合同约定的质量要求的,应当报告建设单位,建设单位有权要求建设工程勘察、设计单位对建设工程勘察、设计文件进行补充、修改。建设工程勘察、设计文件内容需要作重大修改的,建设单位应当报经原审批机关批准后,方可修改。

第二十九条 建设工程勘察、设计文件中规定采用的新技术、新材料,可能影响建设工程质量和安全,又没有国家技术标准的,应当由国家认可的检测机构进行试验、论证,出具检测报告,并经国务院有关部门或者省、自治区、直辖市人民政府有关部门组织的建设工程技术专家委员会审定后,方可使用。

第三十条 建设工程勘察、设计单位应当在建设工程施工前,向施工单位和监理单位说明建设工程勘察、设计意图,解释建设工程勘察、设计文件。建设工程勘察、设计单位应当及时解决施工中出现的勘察、设计问题。

第三十三条 县级以上人民政府建设行政主管部门或者交通、水利等有关部门应当对施工图设计文件中涉及公共利益、公众安全、工程建设强制性标准的内容进行审查。

施工图设计文件未经审查批准的,不得使用。

第四十条 违反本条例规定,勘察、设计单位未依据项目批准文件,城乡规划及专业规划,国家规定的建设工程勘察、设计深度要求编制建设工程勘察、设计文件的,责令限期改正;逾期不改正的,处10万元以上30万元以下的罚款;造成工程质量事故或者环境污染和生态破坏的,责令停业整顿,降低资质等级;情节严重的,吊销资质证书;造成损失的,依法承担赔偿责任。

第四十一条 违反本条例规定,有下列行为之一的,依照《建设工程质量管理条例》第六十三条的规定给予处罚:

(一)勘察单位未按照工程建设强制性标准进行勘察的;

(二)设计单位未根据勘察成果文件进行工程设计的;

(三)设计单位指定建筑材料、建筑构配件的生产厂、供应商的;

(四)设计单位未按照工程建设强制性标准进行设计的。

A.6　公路建设监督管理办法(节选)

(中华人民共和国交通部令 2006 年第 6 号)

第二条　在中华人民共和国境内从事公路建设的单位和人员必须遵守本办法。

本办法所称公路建设是指公路、桥梁、隧道、交通工程及沿线设施和公路渡口的项目建议书、可行性研究、勘察、设计、施工、竣(交)工验收和后评价全过程的活动。

第三条　公路建设监督管理实行统一领导,分级管理。

交通部主管全国公路建设监督管理;县级以上地方人民政府交通主管部门主管本行政区域内公路建设监督管理。

第四条　县级以上人民政府交通主管部门必须依照法律、法规及本办法的规定对公路建设实施监督管理。

有关单位和个人应当接受县级以上人民政府交通主管部门依法进行的公路建设监督检查,并给予支持与配合,不得拒绝或阻碍。

第五条　公路建设监督管理的职责包括:

(一)监督国家有关公路建设工作方针、政策和法律、法规、规章、强制性技术标准的执行;

(二)监督公路建设项目建设程序的履行;

(三)监督公路建设市场秩序;

(四)监督公路工程质量和工程安全;

(五)监督公路建设资金的使用;

(六)指导、检查下级人民政府交通主管部门的监督管理工作;

(七)依法查处公路建设违法行为。

第六条　交通部对全国公路建设项目进行监督管理,依据职责负责国家高速公路网建设项目和交通部确定的其他重点公路建设项目前期工作、施工许可、招标投标、工程质量、工程进度、资金、安全管理的监督和竣工验收工作。

除应当由交通部实施的监督管理职责外,省级人民政府交通主管部门依据职责负责本行政区域内公路建设项目的监督管理,具体负责本行政区域内的国家高速公路网建设项目、交通部和省级人民政府确定的其他重点公路建设项目的监督管理。

设区的市和县级人民政府交通主管部门按照有关规定负责本行政区域内公路建设项目的监督管理。

第七条 县级以上人民政府交通主管部门在履行公路建设监督管理职责时,有权要求:

(一)被检查单位提供有关公路建设的文件和资料;

(二)进入被检查单位的工作现场进行检查;

(三)对发现的工程质量和安全问题以及其他违法行为依法处理。

第八条 公路建设应当按照国家规定的建设程序和有关规定进行。

政府投资公路建设项目实行审批制,企业投资公路建设项目实行核准制。县级以上人民政府交通主管部门应当按职责权限审批或核准公路建设项目,不得越权审批、核准项目或擅自简化建设程序。

第十二条 公路建设项目法人应当依法选择勘察、设计、施工、咨询、监理单位,采购与工程建设有关的重要设备、材料,办理施工许可,组织项目实施,组织项目交工验收,准备项目竣工验收和后评价。

第十三条 公路建设项目应当按照国家有关规定实行项目法人责任制度、招标投标制度、工程监理制度和合同管理制度。

第十四条 公路建设项目必须符合公路工程技术标准。施工单位必须按批准的设计文件施工,任何单位和人员不得擅自修改工程设计。

已批准的公路工程设计,原则上不得变更。确需设计变更的,应当按照交通部制定的《公路工程设计变更管理办法》的规定履行审批手续。

第十五条 公路建设项目验收分为交工验收和竣工验收两个阶段。项目法人负责组织对各合同段进行交工验收,并完成项目交工验收报告报交通主管部门备案。交通主管部门在15天内没有对备案项目的交工验收报告提出异议,项目法人可开放交通进入试运营期。试运营期不得超过3年。

通车试运营2年后,交通主管部门应组织竣工验收,经竣工验收合格的项目可转为正式运营。对未进行交工验收、交工验收不合格或没有备案的工程开放交通进行试运营的,由交通主管部门责令停止试运营。

公路建设项目验收工作应当符合交通部制定的《公路工程竣(交)工验收办法》的规定。

第十六条 县级以上人民政府交通主管部门依据职责,负责对公路建设市场的监督管理,查处建设市场中的违法行为。对经营性公路建设项目投资人、公路建设从业单位和主要从业人员的信用情况应进行记录并及时向社会公布。

第十七条 公路建设市场依法实行准入管理。公路建设项目法人或其委托的项目建设管理单位的项目建设管理机构、主要负责人的技术和管理能力应当满足拟建项目的管理需要,符合交通部有关规定的要求。公路工程勘察、设计、施工、监理、试验检测等从业单位应当依法取得有关部门许可的相应资质后,方可进入公路建设市场。

公路建设市场必须开放,任何单位和个人不得对公路建设市场实行地方保护,不得限制符合市场准入条件的从业单位和从业人员依法进入公路建设市场。

第十九条 公路建设项目法人应当承担公路建设相关责任和义务,对建设项目质量、投资和工期负责。

公路建设项目法人必须依法开展招标活动,不得接受投标人低于成本价的投标,不得随意压缩建设工期,禁止指定分包和指定采购。

第二十一条 县级以上人民政府交通主管部门应当加强对公路建设从业单位的质量与安全生产管理机构的建立、规章制度落实情况的监督检查。

第二十二条 公路建设实行工程质量监督管理制度。公路工程质量监督机构应当根据交通主管部门的委托依法实施工程质量监督,并对监督工作质量负责。

第二十三条 公路建设项目实施过程中,监理单位应当依照法律、法规、规章以及有关技术标准、设计文件、合同文件和监理规范的要求,采用旁站、巡视和平行检验形式对工程实施监理,对不符合工程质量与安全要求的工程应当责令施工单位返工。

未经监理工程师签认,施工单位不得将建筑材料、构件和设备在工程上使用或安装,不得进行下一道工序施工。

第二十四条 公路工程质量监督机构应当具备与质量监督工作相适应的试验检测条件,根据国家有关工程质量的法律、法规、规章和交通部制定的技术标准、规范、规程以及质量检验评定标准等,对工程质量进行监督、检查和鉴定。任何单位和个人不得干预或阻挠质量监督机构的质量鉴定工作。

第二十五条 公路建设从业单位应当对工程质量和安全负责。工程实施中应当加强对职工的教育与培训,按照国家有关规定建立健全质量和安全保证体系,落实质量和安全生产责任制,保证工程质量和工程安全。

第二十六条 公路建设项目发生工程质量事故,项目法人应在24小时内按项目管理隶属关系向交通主管部门报告,工程质量事故同时报公路工程质量监督机构。

省级人民政府交通主管部门或受委托的公路工程质量监督机构负责调查处理一般工程质量事故;交通部会同省级人民政府交通主管部门负责调查处理重大工程质量事故;特别重大工程质量事故和安全事故的调查处理按照国家有关规定办理。

第三十一条 县级以上人民政府交通主管部门应定期向社会公开发布公路建设市场管理、工程进展、工程质量情况、工程质量和安全事故处理等信息,接受社会监督。

第三十二条 公路建设施工现场实行标示牌管理。标示牌应当标明该项工程的作业内容,项目法人、勘察、设计、施工、监理单位名称和主要负责人姓名,接受社会监督。

第三十三条 公路建设实行工程质量举报制度,任何单位和个人对公路建设中违反国家法律、法规的行为,工程质量事故和质量缺陷都有权向县级以上人民政府交通主管部门或质量监督机构检举和投诉。

第三十四条 县级以上人民政府交通主管部门可聘请社会监督员对公路建设活动和工程质量进行监督。

附 件 B

有关质量主要政策及行业规范性文件

B.1 中共中央 国务院关于开展质量提升行动的指导意见

(中发〔2017〕24号)

提高供给质量是供给侧结构性改革的主攻方向,全面提高产品和服务质量是提升供给体系的中心任务。经过长期不懈努力,我国质量总体水平稳步提升,质量安全形势稳定向好,有力支撑了经济社会发展。但也要看到,我国经济发展的传统优势正在减弱,实体经济结构性供需失衡矛盾和问题突出,特别是中高端产品和服务有效供给不足,迫切需要下最大气力抓全面提高质量,推动我国经济发展进入质量时代。现就开展质量提升行动提出如下意见。

一、总体要求

(一)指导思想

全面贯彻党的十八大和十八届三中、四中、五中、六中全会精神,深入贯彻习近平总书记系列重要讲话精神和治国理政新理念新思想新战略,牢固树立和贯彻落实新发展理念,紧紧围绕统筹推进"五位一体"总体布局和协调推进"四个全面"战略布局,认真落实党中央、国务院决策部署,以提高发展质量和效益为中心,将质量强国战略放在更加突出的位置,开展质量提升行动,加强全面质量监管,全面提升质量水平,加快培育国际竞争新优势,为实现"两个一百年"奋斗目标奠定质量基础。

(二)基本原则

——坚持以质量第一为价值导向。牢固树立质量第一的强烈意识,坚持优质发展、以质取胜,更加注重以质量提升减轻经济下行和安全监管压力,真正形成各级党委和政府重视质量、企业追求质量、社会崇尚质量、人人关心质量的良好氛围。

——坚持以满足人民群众需求和增强国家综合实力为根本目的。把增进民生福祉、满足人民群众质量需求作为提高供给质量的出发点和落脚点,促进质量发展成果全民共享,增强人民群众的质量获得感。持续提高产品、工程、服务的质量水平、质量层次和品牌影响力,推动我国产业价值链从低端向中高端延伸,更深更广融入全球供给体系。

——坚持以企业为质量提升主体。加强全面质量管理,推广应用先进质量管理方法,提高全员全过程全方位质量控制水平。弘扬企业家精神和工匠精神,提高决策者、经营者、管理者、生产者质量意识和质量素养,打造质量标杆企业,加强品牌建设,推动企业质量管理水平和核心竞争力提高。

——坚持以改革创新为根本途径。深入实施创新驱动发展战略,发挥市场在资源配置中的决定性作用,积极引导推动各种创新要素向产品和服务的供给端集聚,提升质量创新能力,以新技术新业态改造提升产业质量和发展水平。推动创新群体从以科技人员的小众为主向小众与大众创新创业互动转变,推动技术创新、标准研制和产业化协调发展,用先进标准引领产品、工程和服务质量提升。

(三)主要目标

到2020年,供给质量明显改善,供给体系更有效率,建设质量强国取得明显成效,质量总体水平显著提升,质量对提高全要素生产率和促进经济发展的贡献进一步增强,更好满足人民群众不断升级的消费需求。

——产品、工程和服务质量明显提升。质量突出问题得到有效治理,智能化、消费友好的中高端产品供给大幅增加,高附加值和优质服务供给比重进一步提升,中国制造、中国建造、中国服务、中国品牌国际竞争力显著增强。

——产业发展质量稳步提高。企业质量管理水平大幅提升,传统优势产业实现价值链升级,战略性新兴产业的质量效益特征更加明显,服务业提质增效进一步加快,以技术、技能、知识等为要素的质量竞争型产业规模显著扩大,形成一批质量效益一流的世界级产业集群。

——区域质量水平整体跃升。区域主体功能定位和产业布局更加合理,区域特色资源、环境容量和产业基础等资源优势充分利用,产业梯度转移和质量升级同步推进,区域经济呈现互联互通和差异化发展格局,涌现出一批特色小镇和区域质量品牌。

——国家质量基础设施效能充分释放。计量、标准、检验检测、认证认可等国家质量基础设施系统完整、高效运行,技术水平和服务能力进一步增强,国际竞争力明显提升,对科技进步、产业升级、社会治理、对外交往的支撑更加有力。

二、全面提升产品、工程和服务质量

(四)增加农产品、食品药品优质供给

健全农产品质量标准体系,实施农业标准化生产和良好农业规范。加快高标准农田建设,加大耕地质量保护和土壤修复力度。推行种养殖清洁生产,强化农业投入品监管,严格规范农药、抗生素、激素类药物和化肥使用。完善进口食品安全治理体系,推进出口食品农产品质量安全示范区建设。开展出口农产品品牌建设专项推进行动,提升出口农产品质量,带动提升内销农产品质量。引进优质农产品和种质资源。大力发展农产品初加工和精深加工,提高绿色产品供给比重,提升农产品附加值。

完善食品药品安全监管体制,增强统一性、专业性、权威性,为食品药品安全提供组织和制度保障。继续推动食品安全标准与国际标准对接,加快提升营养健康标准水平。推进传统主食工业化、标准化生产。促进奶业优质安全发展。发展方便食品、速冻食品等现代食品产业。实施药品、医疗器械标准提高行动计划,全面提升药物质量水平,提高中药质量稳定性和可控性。推进仿制药质量和疗效一致性评价。

(五)促进消费品提质升级

加快消费品标准和质量提升,推动消费品工业增品种、提品质、创品牌,支撑民众消费升级需求。推动企业发展个性定制、规模定制、高端定制,推动产品供给向"产品+服务"转变、向中高端迈进。推动家用电器高端化、绿色化、智能化发展,改善空气净化器等新兴家电产品的功能和消费体验,优化电饭锅等小家电产品的外观和功能设计。强化智能手机、可穿戴设备、新型视听产品的信息安全、隐私保护,提高关键元器件制造能力。巩固纺织服装鞋帽、皮革箱包等传统产业的优势地位。培育壮大民族日化产业。提高儿童用品安全性、趣味性,加大"银发经济"群体和失能群体产品供给。大力发展民族传统文化产品,推动文教体育休闲用品多样化发展。

(六)提升装备制造竞争力

加快装备制造业标准化和质量提升,提高关键领域核心竞争力。实施工业强基工程,提高核心基础零部件(元器件)、关键基础材料产品性能,推广应用先进制造工艺,加强计量测试技术研究和应用。发展智能制造,提高工业机器人、高档数控机床的加工精度和精度保持能力,提升自动化生产线、数字化车间的生产过程智能化水平。推行绿色制造,推广清洁高效生产工艺,降低产品制造能耗、物耗和水耗,提升终端用能产品能效、水效。加快提升国产大飞机、高铁、核电、工程机械、特种设备等中国装备的质量竞争力。

(七)提升原材料供给水平

鼓励矿产资源综合勘查、评价、开发和利用,推进绿色矿山和绿色矿业发展示范区建设。提高煤炭洗选加工比例。提升油品供给质量。加快高端材料创新,提高质量稳定性,形成高性能、功能化、差别化的先进基础材料供给能力。加快钢铁、水泥、电解铝、平板玻璃、焦炭等传统产业转型升级。推动稀土、石墨等特色资源高质化利用,促进高强轻合金、高性能纤维等关键战略材料性能和品质提升,加强石墨烯、智能仿生材料等前沿新材料布局,逐步进入全球高端制造业采购体系。

(八)提升建设工程质量水平

确保重大工程建设质量和运行管理质量,建设百年工程。高质量建设和改造城乡道路交通设施、供热供水设施、排水与污水处理设施。加快海绵城市建设和地下综合管廊建设。规范重大项目基本建设程序,坚持科学论证、科学决策,加强重大工程的投资咨询、建设监理、设备监理,保障工程项目投资效益和重大设备质量。全面落实工程参建各方主体质量责任,强化建设单位首要责任和勘察、设计、施工单位主体责任。加快推进工程质量管理标准化,提高工程项目管理水平。加强工程质量检测管理,严厉打击出具虚假报告等行为。健全工程质量监督管理机制,强化工程建设全过程质量监管。因地制宜提高建筑节能标准。完善绿色建材标准,促进绿色建材生产和应用。大力发展装配式建筑,提高建筑装修部品部件的质量和安全性能。推进绿色生态小区建设。

(九)推动服务业提质增效

提高生活性服务业品质。完善以居家为基础、社区为依托、机构为补充、医养相结合的多层次、智能化养老服务体系。鼓励家政企业创建服务品牌。发展大众化餐饮,引导餐饮企业建立集中采购、统一配送、规范化生产、连锁化经营的生产模式。实施旅游服务质量提升计划,显著改善旅游市场秩序。推广实施优质服务承诺标识和管理制度,培育知名服务品牌。

促进生产性服务业专业化发展。加强运输安全保障能力建设,推进铁路、公路、水路、民航等多式联运发展,提升服务质量。提高物流全链条服务质量,增强物流服务时效,加强物流标准化建设,提升冷链物流水平。推进电子商务规制创新,加强电子商务产业载体、物流体系、人才体系建设,不断提升电子商务服务质量。支持发展工业设计、计量测试、标准试验验证、检验检测认证等高技术服务业。提升银行服务、保险服务的标准化程度和服务质量。加快知识产权服务体系建设。提高律师、公证、法律援助、司法鉴定、基层法律服务等法律服务水平。开展国家新型优质服务业集群建设试点,支撑引领三次产业向中高端迈进。

(十)提升社会治理和公共服务水平

推广"互联网+政务服务",加快推进行政审批标准化建设,优化服务流程,简化办事环节,提高行政效能。提升城市治理水平,推进城市精细化、规范化管理。促进义务教育优质均衡发展,扩大普惠性学前教育和优质职业教育供给,促进和规范民办教育。健全覆盖城乡的公共就业创业服务体系。加强职业技能培训,推动实现比较充分和更高质量就业。提升社会救助、社会福利、优抚安置等保障水平。

提升优质公共服务供给能力。稳步推进进一步改善医疗服务行动计划。建立健全医疗纠纷预防调解机制,构建和谐医患关系。鼓励创造优秀文化服务产品,推动文化服务产品数字化、网络化。提高供电、供气、供热、供水服务质量和安全保障水平,创新人民群众满意的服务供给。开展公共服务质量监测和结果通报,引导提升公共服务质量水平。

(十一)加快对外贸易优化升级

加快外贸发展方式转变,培育以技术、标准、品牌、质量、服务为核心的对外经济新优势。鼓励高技术含量和高附加值项目维修、咨询、检验检测等服务出口,促进服务贸易与货物贸易紧密结合、联动发展。推动出口商品质量安全示范区建设。完善进出口商品质量安全风险预警和快速反应监管体系。促进"一带一路"沿线国家和地区、主要贸易国家和地区质量国际合作。

三、破除质量提升瓶颈

(十二)实施质量攻关工程

围绕重点产品、重点行业开展质量状况调查,组织质量比对和会商会诊,找准比较优势、行业通病和质量短板,研究制定质量问题解决方案。加强与国际优质产品的质量比对,支持企业瞄准先进标杆实施技术改造。开展重点行业工艺优化行动,组织质量提升关键技术攻关,推动企业积极应用新技术、新工艺、新材料。加强可靠性设计、试验与验证技术开发应用,推广采用先进成型方法和加工方法、在线检测控制装置、智能化生产和物流系统及检测设备。实施国防科技工业质量可靠性专项行动计划,重点解决关键系统、关键产品质量难点问题,支撑重点武器装备质量水平提升。

(十三)加快标准提档升级

改革标准供给体系,推动消费品标准由生产型向消费型、服务型转变,加快培育发展团体标准。推动军民标准通用化建设,建立标准化军民融合长效机制。推进地方标准化综合改革。开展重点行业国内外标准比对,加快转化先进适用的国际标准,提升国内外标准一致性程度,推动我国优势、特色技术标准成为国际标准。建立健全技术、专利、标准协同机制,开展对标达标活动,鼓励、引领企业主动制定和实施先进标准。全面实施企业标准自我声明公开和监督制度,实施企业标准领跑者制度。大力推进内外销产品"同线同标同质"工程,逐步消除国内外市场产品质量差距。

(十四)激发质量创新活力

建立质量分级制度,倡导优质优价,引导、保护企业质量创新和质量提升的积极性。开展新产业、新动能标准领航工程,促进新旧动能转换。完善第三方质量评价体系,开展高端品质认证,推动质量评价由追求"合格率"向追求"满意度"跃升。鼓励企业开展质量提升小组活动,促进质量管理、质量技术、质量工作法创新。鼓励企业优化功能设计、模块化设计、外观设计、人体工效学设计,推行个性化定制、柔性化生产,提高产品扩展性、耐久性、舒适性等质量特性,满足绿色环保、可持续发展、消费友好等需求。鼓励以用户为中心的微创新,改善用户体验,激发消费潜能。

(十五)推进全面质量管理

发挥质量标杆企业和中央企业示范引领作用,加强全员、全方位、全过程质量管理,提质降本增效。推广现代企业管理制度,广泛开展质量风险分析与控制、质量成本管理、质量管理体系升级等活动,提高质量在线监测、在线控制和产品全生命周期质量追溯能力,推行精益生产、清洁生产等高效生产方式。鼓励各类市场主体整合生产组织全过程要素资源,纳入共同的质量管理、标准管理、供应链管理、合作研发管理等,促进协同制造和协同创新,实现质量水平整体提升。

(十六)加强全面质量监管

深化"放管服"改革,强化事中事后监管,严格按照法律法规从各个领域、各个环节加强对质量的全方位监管。做好新形势下加强打击侵犯知识产权和制售假冒伪劣商品工作,健全打击侵权假冒长效机制。促进行政执法与刑事司法衔接。加强跨区域和跨境执法协作。加强进口商品质量安全监管,严守国门质量安全底线。开展质量问题产品专项整治和区域集中整治,严厉查处质量违法行为。健全质量违法行为记录及公布制度,加大行政处罚等政府信息公开力度。严格落实汽车等产品的修理更换退货责任规定,探索建立第三方质量担保争议处理机制。完善产品伤害监测体系,提高产品安全、环保、可靠性等要求和标准。加大缺陷产品召回力度,扩大召回范围,健全缺陷产品召回行政监管和技术支撑体系,建立缺陷产品召回管理信息共享和部门协作机制。实施服务质量监测基础建设工程。建立责任明确、反应及时、处置高效的旅游市场综合监管机制,严厉打击扰乱旅游市场秩序的违法违规行为,规范旅游市场秩序,净化旅游消费环境。

(十七)着力打造中国品牌

培育壮大民族企业和知名品牌,引导企业提升产品和服务附加值,形成自己独有的比较优势。以产业集聚区、国家自主创新示范区、高新技术产业园区、国家新型工业化产业示范基地等为重点,开展区域品牌培育,创建质量提升示范区、知名品牌示范区。实施中国精品培育工程,加强对中华老字号、地理标志等品牌培育和保护,培育更多百年老店和民族品牌。建立和完善品牌建设、培育标准体系和评价体系,开展中国品牌价值评价活动,推动品牌评价国际标准化工作。开展"中国品牌日"活动,不断凝聚社会共识、营造良好氛围、搭建交流平台,提升中国品牌的知名度和美誉度。

(十八)推进质量全民共治

创新质量治理模式,注重社会各方参与,健全社会监督机制,推进以法治为基础的社会多元治理,构建市场主体自治、行业自律、社会监督、政府监管的质量共治格局。强化质量社会监督和舆论监督。建立完善质量信号传递反馈机制,鼓励消费者组织、行业协会、第三方机构等开展产品质量比较试验、综合评价、体验式调查,引导理性消费选择。

四、夯实国家质量基础设施

(十九)加快国家质量基础设施体系建设

构建国家现代先进测量体系。紧扣国家发展重大战略和经济建设重点领域的需求,建立、改造、提升一批国家计量基准,加快建立新一代高准确度、高稳定性量子计量基准,加强军民共用计量基础设施建设。完善国家量值传递溯源体系。加快制定一批计量技术规范,研制一批新型标准物质,推进社会公用计量标准升级换代。科学规划建设计量科技基础服务、产业计量测试体系、区域计量支撑体系。

加快国家标准体系建设。大力实施标准化战略,深化标准化工作改革,建立政府主导制定的标准与市场自主制定的标准协同发展、协调配套的新型标准体系。简化国家标准制定修订程序,加强标准化技术委员会管理,免费向社会公开强制性国家标准文本,推动免费向社会公开推荐性标准文本。建立标准实施信息反馈和评估机制,及时开展标准复审和维护更新。

完善国家合格评定体系。完善检验检测认证机构资质管理和能力认可制度,加强检验检测认证公共服务平台示范区、国家检验检测高技术服务业集聚区建设。提升战略性新兴产业检验检测认证支撑能力。建立全国统一的合格评定制度和监管体系,建立政府、行业、社会等多层次采信机制。健全进出口食品企业注册备案制度。加快建立统一的绿色产品标准、认证、标识体系。

(二十)深化国家质量基础设施融合发展

加强国家质量基础设施的统一建设、统一管理,推进信息共享和业务协同,保持中央、省、市、县四级国家质量基础设施的系统完整,加快形成国家质量基础设施体系。开展国家质量基础设施协同服务及应用示范基地建设,助推中小企业和产业集聚区全面加强质量提升。构建统筹协调、协同高效、系统完备的国家质量基础设施军民融合发展体系,增强对经济建设和国防建设的整体支撑能力。深度参与质量基础设施国际治理,积极参加国际规则制定和国际组织活动,推动计量、标准、合格评定等国际互认和境外推广应用,加快我国质量基础设施国际化步伐。

(二十一)提升公共技术服务能力

加快国家质检中心、国家产业计量测试中心、国家技术标准创新基地、国家检测重点实验室等公共技术服务平台建设,创新"互联网+质量服务"模式,推进质量技术资源、信息资源、人才资源、设备设施向社会共享开放,开展一站式服务,为产业发展提供全生命周期的技术支持。加快培育产业计量测试、标准化服务、检验检测认证服务、品牌咨询等新兴质量服务业态,为大众创业、万众创新提供优质公共技术服务。加快与"一带一路"沿线国家和地区共建共享质量基础设施,推动互联互通。

(二十二)健全完善技术性贸易措施体系

加强对国外重大技术性贸易措施的跟踪、研判、预警、评议和应对,妥善化解贸易摩擦,帮助企业规避风险,切实维护企业合法权益。加强技术性贸易措施信息服务,建设一批研究评议基地,建立统一的国家技术性贸易措施公共信息和技术服务平台。利用技术性贸易措施,倒逼企业按照更高技术标准提升产品质量和产业层次,不断提高国际市场竞争力。建立贸易争端预警机制,积极主导、参与技术性贸易措施相关国际规则和标准的制定。

五、改革完善质量发展政策和制度

(二十三)加强质量制度建设

坚持促发展和保底线并重,加强质量促进的立法研究,强化对质量创新的鼓励、引导、保护。研究修订产品质量法,建立商品质量惩罚性赔偿制度。研究服务业质量管理、产品质量担保、缺陷产品召回等领域立法工作。改革工业产品生产许可证制度,全面清理工业产品生产许可证,加快向国际通行的产品认证制度转变。建立完善产品质量安全事故强制报告制度、产品质量安全风险监控及风险调查制度。建立健全产品损害赔偿、产品质量安全责任保险和社会帮扶并行发展的多元救济机制。加快推进质量诚信体系建设,完善质量守信联合激励和失信联合惩戒制度。

(二十四)加大财政金融扶持力度

完善质量发展经费多元筹集和保障机制,鼓励和引导更多资金投向质量攻关、质量创新、质量治理、质量基础设施建设。国家科技计划持续支持国家质量基础的共性技术研究和应用重点研发任务。实施好首台(套)重大技术装备保险补偿机制。构建质量增信融资体系,探索以质量综合竞争力为核心的质量增信融资制度,将质量水平、标准水平、品牌价值等纳入企业信用评价指标和贷款发放参考因素。加大产品质量保险推广力度,支持企业运用保险手段促进产品质量提升和新产品推广应用。

推动形成优质优价的政府采购机制。鼓励政府部门向社会力量购买优质服务。加强政府采购需求确定和采购活动组织管理，将质量、服务、安全等要求贯彻到采购文件制定、评审活动、采购合同签订全过程，形成保障质量和安全的政府采购机制。严格采购项目履约验收，切实把好产品和服务质量关。加强联合惩戒，依法限制严重质量违法失信企业参与政府采购活动。建立军民融合采购制度，吸纳扶持优质民口企业进入军事供应链体系，拓宽企业质量发展空间。

(二十五)健全质量人才教育培养体系

将质量教育纳入全民教育体系。加强中小学质量教育，开展质量主题实践活动。推进高等教育人才培养质量，加强质量相关学科、专业和课程建设。加强职业教育技术技能人才培养质量，推动企业和职业院校成为质量人才培养的主体，推广现代学徒制和企业新型学徒制。推动建立高等学校、科研院所、行业协会和企业共同参与的质量教育网络。实施企业质量素质提升工程，研究建立质量工程技术人员评价制度，全面提高企业经营管理者、一线员工的质量意识和水平。加强人才梯队建设，实施青年职业能力提升计划，完善技术技能人才培养培训工作体系，培育众多"中国工匠"。发挥各级工会组织和共青团组织作用，开展劳动和技能竞赛、青年质量提升示范岗创建、青年质量控制小组实践等活动。

(二十六)健全质量激励制度

完善国家质量激励政策，继续开展国家质量奖评选表彰，树立质量标杆，弘扬质量先进。加大对政府质量奖获奖企业在金融、信贷、项目投资等方面的支持力度。建立政府质量奖获奖企业和个人先进质量管理经验的长效宣传推广机制，形成中国特色质量管理模式和体系。研究制定技术技能人才激励办法，探索建立企业首席技师制度，降低职业技能型人才落户门槛。

六、切实加强组织领导

(二十七)实施质量强国战略

坚持以提高发展质量和效益为中心，加快建设质量强国。研究编制质量强国战略纲要，明确质量发展目标任务，统筹各方资源，推动中国制造向中国创造转变、中国速度向中国质量转变、中国产品向中国品牌转变。持续开展质量强省、质量强市、质量强县示范活动，走出一条中国特色质量发展道路。

(二十八)加强党对质量工作领导

健全质量工作体制机制，完善研究质量强国战略、分析质量发展形势、决定质量方针政策的工作机制，建立"党委领导、政府主导、部门联合、企业主责、社会参与"的质量工作格局。加强对质量发展的统筹规划和组织领导，建立健全领导体制和协调机制，统筹质量发展规划制定、质量强国建设、质量品牌发展、质量基础建设。地方各级党委和政府要将质量工作摆到重要议事日程,加强质量管理和队伍能力建设,认真落实质量工作责任制。强化市、县政府质量监管职责,构建统一权威的质量工作体制机制。

(二十九)狠抓督察考核

探索建立中央质量督察工作机制,强化政府质量工作考核,将质量工作考核结果作为各级党委和政府领导班子及有关领导干部综合考核评价的重要内容。以全要素生产率、质量竞争力指数、公共服务质量满意度等为重点,探索构建符合创新、协调、绿色、开放、共享发展理念的新型质量统计评价体系。健全质量统计分析制度,定期发布质量状况分析报告。

(三十)加强宣传动员

大力宣传党和国家质量工作方针政策,深入报道我国提升质量的丰富实践、重大成就、先进典型,讲好中国质量故事,推介中国质量品牌,塑造中国质量形象。将质量文化作为社会主义核心价值观教育的重要内容,加强质量公益宣传,提高全社会质量、诚信、责任意识,丰富质量文化内涵,促进质量文化传承发展。把质量发展纳入党校、行政学院和各类干部培训院校教学计划,让质量第一成为各级党委和政府的根本理念,成为领导干部工作责任,成为全社会、全民族的价值追求和时代精神。

各地区各部门要认真落实本意见精神,结合实际研究制定实施方案,抓紧出台推动质量提升的具体政策措施,明确责任分工和时间进度要求,确保各项工作举措和要求落实到位。要组织相关行业和领域,持续深入开展质量提升行动,切实提升质量总体水平。

B.2 国务院办公厅关于促进建筑业持续健康发展的意见

(国办发〔2017〕19号)

建筑业是国民经济的支柱产业。改革开放以来,我国建筑业快速发展,建造能力不断增强,产业规模不断扩大,吸纳了大量农村转移劳动力,带动了大量关联产业,对经济社会发展、城乡建设和民生改善作出了重要贡献。但也要看到,建筑业仍然大而不强,监管体制机制不健全、工程建设组织方式落后、建筑设计水平有待提高、质量安全事故时有发生、市场违法违规行为较多、企业核心竞争力不强、工人技能素质偏低等问题较为突出。为贯彻落实《中共中央国务院关于进一步加强城市规划建设管理工作的若干意见》,进一步深化建筑业"放管服"改革,加快产业升级,促进建筑业持续健康发展,为新型城镇化提供支撑,经国务院同意,现提出以下意见:

一、总体要求

全面贯彻党的十八大和十八届二中、三中、四中、五中、六中全会以及中央经济工作会议、中央城镇化工作会议、中央城市工作会议精神,深入贯彻习近平总书记系列重要讲话精神和治国理政新理念新思想新战略,认真落实党中央、国务院决策部署,统筹推进"五位一体"总体布局和协调推进"四个全面"战略布局,牢固树立和贯彻落实创新、协调、绿色、开放、共享的发展理念,坚持以推进供给侧结构性改革为主线,按照适用、经济、安全、绿色、美观的要求,深化建筑业"放管服"改革,完善监管体制机制,优化市场环境,提升工程质量安全水平,强化队伍建设,增强企业核心竞争力,促进建筑业持续健康发展,打造"中国建造"品牌。

二、深化建筑业简政放权改革

(一)优化资质资格管理。进一步简化工程建设企业资质类别和等级设置,减少不必要的资质认定。选择部分地区开展试点,对信用良好、具有相关专业技术能力、能够提供足额担保的企业,在其资质类别内放宽承揽业务范围限制,同时,加快完善信用体系、工程担保及个人执业资格等相关配套制度,加强事中事后监管。强化个人执业资格管理,明晰注册执业人员的权利、义务和责任,加大执业责任追究力度。有序发展个人执业事务所,推动建立个人执业保险制度。大力推行"互联网+政务服务",实行"一站式"网上审批,进一步提高建筑领域行政审批效率。

(二)完善招标投标制度。加快修订《工程建设项目招标范围和规模标准规定》,缩小并严格界定必须进行招标的工程建设项目范围,放宽有关规模标准,防止工程建设项目实行招标"一刀切"。在民间投资的房屋建筑工程中,探索由建设单位自主决定发包方式。将依法必须招标的工程建设项目纳入统一的公共资源交易平台,遵循公平、公正、公开和诚信的原则,规范招标投标行为。进一步简化招标投标程序,尽快实现招标投标交易全过程电子化,推行网上异地评标。对依法通过竞争性谈判或单一来源方式确定供应商的政府采购工程建设项目,符合相应条件的应当颁发施工许可证。

三、完善工程建设组织模式

(三)加快推行工程总承包。装配式建筑原则上应采用工程总承包模式。政府投资工程应完善建设管理模式,带头推行工程总承包。加快完善工程总承包相关的招标投标、施工许可、竣工验收等制度规定。按照总承包负总责的原则,落实工程总承包单位在工程质量安全、进度控制、成本管理等方面的责任。除以暂估价形式包括在工程总承包范围内且依法必须进行招标的项目外,工程总承包单位可以直接发包总承包合同中涵盖的其他专业业务。

(四)培育全过程工程咨询。鼓励投资咨询、勘察、设计、监理、招标代理、造价等企业采取联合经营、并购重组等方式发展全过程工程咨询,培育一批具有国际水平的全过程工程咨询企业。制定全过程工程咨询服务技术标准和合同范本。政府投资工程应带头推行全过程工程咨询,鼓励非政府投资工程委托全过程工程咨询服务。在民用建筑项目中,充分发挥建筑师的主导作用,鼓励提供全过程工程咨询服务。

四、加强工程质量安全管理

(五)严格落实工程质量责任。全面落实各方主体的工程质量责任,特别要强化建设单位的首要责任和勘察、设计、施工单位的主体责任。严格执行工程质量终身责任制,在建筑物明显部位设置永久性标牌,公示质量责任主体和主要责任人。对违反有关规定、造成工程质量事故的,依法给予责任单位停业整顿、降低资质等级、吊销资质证书等行政处罚并通过国家企业信用信息公示系统予以公示,给予注册执业人员暂停执业、吊销资格证书、一定时间直至终身不得进入行业等处罚。对发生工程质量事故造成损失的,要依法追究经济赔偿责任,情节严重的要追究有关单位和人员的法律责任。参与房地产开发的建筑业企业应依法合规经营,提高住宅品质。

(六)加强安全生产管理。全面落实安全生产责任,加强施工现场安全防护,特别要强化对深基坑、高支模、起重机械等危险性较大的分部分项工程的管理,以及对不良地质地区重大工程项目的风险评估或论证。推进信息技术与安全生产深度融合,加快建设建筑施工安全监管信息系统,通过信息化手段加强安全生产管理。建立健全全覆盖、多层次、经常性的安全生产培训制度,提升从业人员安全素质以及各方主体的本质安全水平。

(七)全面提高监管水平。完善工程质量安全法律法规和管理制度,健全企业负责、政府监管、社会监督的工程质量安全保障体系。强化政府对工程质量的监管,明确监管范围,落实监管责任,加大抽查抽测力度,重点加强对涉及公共安全的工程地基基础、主体结构等部位和竣工验收等环节的监督检查。加强工程质量监督队伍建设,监督机构履行职能所需经费由同级财政预算全额保障。政府可采取购买服务的方式,委托具备条件的社会力量进行工程质量监督检查。推进工程质量安全标准化管理,督促各方主体健全质量安全管控机制。强化对工程监理的监管,选择部分地区开展监理单位向政府报告质量监理情况的试点。加强工程质量检测机构管理,严厉打击出具虚假报告等行为。推动发展工程质量保险。

五、优化建筑市场环境

(八)建立统一开放市场。打破区域市场准入壁垒,取消各地区、各行业在法律、行政法规和国务院规定外对建筑业企业设置的不合理准入条件;严禁擅自设立或变相设立审批、备案事项,为建筑业企业提供公平市场环境。完善全国建筑市场监管公共服务平台,加快实现与全国信用信息共享平台和国家企业信用信息公示系统的数据共享交换。建立建筑市场主体黑名单制度,依法依规全面公开企业和个人信用记录,接受社会监督。

(九)加强承包履约管理。引导承包企业以银行保函或担保公司保函的形式,向建设单位提供履约担保。对采用常规通用技术标准的政府投资工程,在原则上实行最低价中标的同时,有效发挥履约担保的作用,防止恶意低价中标,确保工程投资不超预算。严厉查处转包和违法分包等行为。完善工程量清单计价体系和工程造价信息发布机制,形成统一的工程造价计价规则,合理确定和有效控制工程造价。

(十)规范工程价款结算。审计机关应依法加强对以政府投资为主的公共工程建设项目的审计监督,建设单位不得将未完成审计作为延期工程结算、拖欠工程款的理由。未完成竣工结算的项目,有关部门不予办理产权登记。对长期拖欠工程款的单位不得批准新项目开工。严格执行工程预付款制度,及时按合同约定足额向承包单位支付预付款。通过工程款支付担保等经济、法律手段约束建设单位履约行为,预防拖欠工程款。

六、提高从业人员素质

(十一)加快培养建筑人才。积极培育既有国际视野又有民族自信的建筑师队伍。加快培养熟悉国际规则的建筑业高级管理人才。大力推进校企合作,培养建筑业专业人才。加强工程现场管理人员和建筑工人的教育培训。健全建筑业职业技能标准体系,全面实施建筑业技术工人职业技能鉴定制度。发展一批建筑工人技能鉴定机构,开展建筑工人技能评价工作。通过制定施工现场技能工人基本配备标准、发布各个技能等级和工种的人工成本信息等方式,引导企业将工资分配向关键技术技能岗位倾斜。大力弘扬工匠精神,培养高素质建筑工人,到2020年建筑业中级工技能水平以上的建筑工人数量达到300万人,2025年达到1000万人。

(十二)改革建筑用工制度。推动建筑业劳务企业转型,大力发展木工、电工、砌筑、钢筋制作等以作业为主的专业企业。以专业企业为建筑工人的主要载体,逐步实现建筑工人公司化、专业化管理。鼓励现有专业企业进一步做专做精,增强竞争力,推动形成一批以作业为主的建筑业专业企业。促进建筑业农民工向技术工人转型,着力稳定和扩大建筑业农民工就业创业。建立全国建筑工人管理服务信息平台,开展建筑工人实名制管理,记录建筑工人的身份信息、培训情况、职业技能、从业记录等信息,逐步实现全覆盖。

(十三)保护工人合法权益。全面落实劳动合同制度,加大监察力度,督促施工单位与招用的建筑工人依法签订劳动合同,到2020年基本实现劳动合同全覆盖。健全工资支付保障制度,按照谁用工谁负责和总承包负总责的原则,落实企业工资支付责任,依法按月足额发放工人工资。将存在拖欠工资行为的企业列入黑名单,对其采取限制市场准入等惩戒措施,情节严重的降低资质等级。建立健全与建筑业相适应的社会保险参保缴费方式,大力推进建筑施工单位参加工伤保险。施工单位应履行社会责任,不断改善建筑工人的工作环境,提升职业健康水平,促进建筑工人稳定就业。

七、推进建筑产业现代化

(十四)推广智能和装配式建筑。坚持标准化设计、工厂化生产、装配化施工、一体化装修、信息化管理、智能化应用,推动建造方式创新,大力发展装配式混凝土和钢结构建筑,在具备条件的地方倡导发展现代木结构建筑,不断提高装配式建筑在新建建筑中的比例。力争用10年左右的时间,使装配式建筑占新建建筑面积的比例达到30%。在新建建筑和既有建筑改造中推广普及智能化应用,完善智能化系统运行维护机制,实现建筑舒适安全、节能高效。

(十五)提升建筑设计水平。建筑设计应体现地域特征、民族特点和时代风貌,突出建筑使用功能及节能、节水、节地、节材和环保等要求,提供功能适用、经济合理、安全可靠、技术先进、环境协调的建筑设计产品。健全适应建筑设计特点的招标投标制度,推行设计团队招标、设计方案招标等方式。促进国内外建筑设计企业公平竞争,培育有国际竞争力的建筑设计队伍。倡导开展建筑评论,促进建筑设计理念的融合和升华。

(十六)加强技术研发应用。加快先进建造设备、智能设备的研发、制造和推广应用,提升各类施工机具的性能和效率,提高机械化施工程度。限制和淘汰落后、危险工艺工法,保障生产施工安全。积极支持建筑业科研工作,大幅提高技术创新对产业发展的贡献率。加快推进建筑信息模型(BIM)技术在规划、勘察、设计、施工和运营维护全过程的集成应用,实现工程建设项目全生命周期数据共享和信息化管理,为项目方案优化和科学决策提供依据,促进建筑业提质增效。

(十七)完善工程建设标准。整合精简强制性标准,适度提高安全、质量、性能、健康、节能等强制性指标要求,逐步提高标准水平。积极培育团体标准,鼓励具备相应能力的行业协会、产业联盟等主体共同制定满足市场和创新需要的标准,建立强制性标准与团体标准相结合的标准供给体制,增加标准有效供给。及时开展标准复审,加快标准修订,提高标准的时效性。加强科技研发与标准制定的信息沟通,建立全国工程建设标准专家委员会,为工程建设标准化工作提供技术支撑,提高标准的质量和水平。

八、加快建筑业企业"走出去"

(十八)加强中外标准衔接。积极开展中外标准对比研究,适应国际通行的标准内容结构、要素指标和相关术语,缩小中国标准与国外先进标准的技术差距。加大中国标准外文版翻译和宣传推广力度,以"一带一路"战略为引领,优先在对外投资、技术输出和援建工程项目中推广应用。积极参加国际标准认证、交流等活动,开展工程技术标准的双边合作。到2025年,实现工程建设国家标准全部有外文版。

(十九)提高对外承包能力。统筹协调建筑业"走出去",充分发挥我国建筑业企业在高铁、公路、电力、港口、机场、油气长输管道、高层建筑等工程建设方面的比较优势,有目标、有重点、有组织地对外承包工程,参与"一带一路"建设。建筑业企业要加大对国际标准的研究力度,积极适应国际标准,加强对外承包工程质量、履约等方面管理,在援外住房等民生项目中发挥积极作用。鼓励大企业带动中小企业、沿海沿边地区企业合作"出海",积极有序开拓国际市场,避免恶性竞争。引导对外承包工程企业向项目融资、设计咨询、后续运营维护管理等高附加值的领域有序拓展。推动企业提高属地化经营水平,实现与所在国家和地区互利共赢。

(二十)加大政策扶持力度。加强建筑业"走出去"相关主管部门间的沟通协调和信息共享。到2025年,与大部分"一带一路"沿线国家和地区签订双边工程建设合作备忘录,同时争取在双边自贸协定中纳入相关内容,推进建设领域执业资格国际互认。综合发挥各类金融工具的作用,重点支持对外经济合作中建筑领域的重大战略项目。借鉴国际通行的项目融资模式,按照风险可控、商业可持续原则,加大对建筑业"走出去"的金融支持力度。

各地区、各部门要高度重视深化建筑业改革工作,健全工作机制,明确任务分工,及时研究解决建筑业改革发展中的重大问题,完善相关政策,确保按期完成各项改革任务。加快推动修订建筑法、招标投标法等法律,完善相关法律法规。充分发挥协会商会熟悉行业、贴近企业的优势,及时反映企业诉求,反馈政策落实情况,发挥好规范行业秩序、建立从业人员行为准则、促进企业诚信经营等方面的自律作用。

B.3 交通运输部关于进一步加强公路项目建设单位管理的若干意见

(交公路发〔2011〕438号)

公路项目建设单位是工程建设的组织者和管理者,在保证工程质量建设和提高管理水平方面承担着重要职责。近年来,各级交通运输主管部门切实加强对项目建设单位的管理,充分发挥项目建设单位的主导作用,为保证公路建设又好又快发展作出了重要贡献。但是,随着公路建设规模的持续扩大,一些项目建设单位出现了管理能力下降、技术人员配备不足等问题,影响工程建设质量与耐久性。为提高公路建设管理水平,规范管理行为,加快推行现代工程管理,现就进一步加强公路项目建设单位管理提出以下意见:

一、充分认识加强公路项目建设单位管理的重要意义

(一)加强公路项目建设单位管理是确保工程质量与安全的需求,质量与安全是工程建设永恒的主题。公路项目建设单位承担者工程的组织、协调和管理职责,处在建设项目管理的中心枢纽位置,其管理能力、眼界视野和质量安全意识,决定着工程的建设质量与安全水平。进一步提高项目建设单位的能力与素质,推行建设单位高标准、严要求,对提升工程内在品质与耐久性,提高工程质量与安全具有重要的保障作用。

(二)加强公路项目建设单位管理是控制工程投资、确保建设工期的需要。控制工程造价、降低建设成本,保证在合同工期内按时完成建设任务,是工程项目管理的重要内容。加强项目建设单位在工程建设中的全过程管理,保证勘察设计工作深度,落实各参建单位有效投入,明确建设各方责、权、利关系,有利于控制工程造价,减少设计变更,确保合理建设工期,发挥工程投资最大效益。

(三)加强公路项目建设单位管理是规范建设市场行为的需要。建立市场诚信体系,规范市场行为,引导从业单位和从业人员自觉遵章守纪,是工程建设市场管理的重要内容。项目建设单位作为工程合同的管理者和执行者,在落实建设单位合同义务,促进参建各方信守合同,提高市场履约水平等方面承担着重要职责。

落实项目建设单位合同管理职责,严格合同执行,对于促进公路建设市场信用体系建设,监理规范、诚信的市场秩序,具有重要的推动作用。

(四)加强公路项目建设单位管理是建设廉政工程的需要。开展工程建设领域专项治理工作,建立健全防治公路建设领域商业贿赂的长效机制,是当前工程建设管理的一项重要工作。项目建设单位通过加强制度建设,完善工作机制,强化工程和人员的管理,从体制和机制上堵塞管理漏洞,有利于加快构建预防和惩治腐败体系,建设廉政工程,提高行业形象。

二、指导思想和工作原则

(五)指导思想:深入贯彻落实科学发展观,以增强建设单位能力与素质、推进建设管理专业化,提高工程质量与安全为核心,以严格资格标准、健全组织机构、规范管理行为、落实监督考评为举措,充分发挥建设单位的主导作用,完善公路建设市场信用体系建设,推进工程管理现代化,提高公路建设管理水平。

(六)工作原则:

——严格资格标准,推行管理专业化。严格公路项目建设单位的资格与素质要求,鼓励组建专业齐全、技术精湛、经验丰富的专业化管理团队,推进工程管理现代化

——规范建设管理,实行施工标准化。健全公路项目建设单位的管理制度,细化质量安全与投资控制目标,严格建设管理关键环节控制,落实标准化要求,建立现代工程管理运行机制。

——加强监督检查,狠抓行为规范化。加强对公路项目建设单位的监督检查,落实管理制度与管理责任,发挥建设单位的管理示范效应,确保现代工程取得实效。

——创新管理机制,推进人员职业化。不断创新管理方法,推进公路项目建设单位的考核评价,加强绩效评估,建立考核制度,完善市场信用体系,促进建设管理队伍职业化。

三、严格公路项目建设单位资格管理

(七)公路项目建设单位系指承担工程建设管理职责的项目法人,及其派驻工程现场指挥、协调、管理各参建单位完成工程建设任务的管理机构(指挥部、项目办、管理处等)。

公路项目建设单位履行建设管理职责,应具备相应的管理能力和建设经验,按规定组建机构、配备人员、制定完善工程管理各项规章制度。

(八)高速公路新建(改扩建)项目或独立特大型桥梁、隧道项目,派驻工程现场的建设管理机构、管理人员应符合以下资格条件。各省级交通运输主管部门可

根据本地区实际制定具体标准,但不应低于以下资格条件:

1. 管理机构:应设有计划、合同、技术、质量、安全、财务、纪检等职能部门。

2. 管理人员:总人数视工程项目建设规模和专业技术要求确定,其中工程技术人员应不少于管理人员总数的65%,具有高、中级以上专业技术职称的人员应占工程技术人员总数的70%以上。

3. 人员资格:管理机构负责人及其关键岗位人员应具有良好的社会信用和职业道德,具备相应工程组织管理能力,严格执行国家有关法律和规定,熟悉、掌握公路建设规章、政策,其中:

机构负责人:具有中级以上专业技术职称,具备2个及以上高速公路项目的建设管理经历。

技术负责人:熟悉、掌握公路工程技术标准、规范和规程,具有高级以上专业技术职称,具备2个及以上高速公路项目的技术管理经历。

财务负责人:熟悉、掌握财经法规和财务制度,具有中级以上职称,具备1个及以上高速公路项目的财务管理经历。

关键岗位人员:计划、合同、技术、质量、安全等部门负责人应具备相应岗位的专业技术和任职资格,并分别具备1个及以上高速公路项目的建设管理经历。

其他技术等级公路项目建设单位及其派驻工程现场的管理机构、管理人员及资格条件由省级交通运输主管部门根据本地区实际确定。

(九)公路项目建设单位派驻工程现场的管理机构、管理人员及资格条件实行核备制度。

在报批项目初步设计文件时,公路项目建设单位应将派驻工程现场的管理机构、管理人员及资格条件报有关交通运输主管部门核备。交通运输主管部门应及时审核,对未达到资格标准的,要责成其补充完善,或责成其按规定委托具备相应管理能力的代建单位负责建设管理。

四、规范建设管理行为

(十)执行国家基本建设程序。公路项目建设单位应按照公开、公平、公正的原则,依法组织招标投标,择优选定勘察、设计、施工、监理单位,按规定向主管部门报送有关文件,依法办理施工许可和竣(交)工验收。

(十一)严格合同管理。公路项目建设单位应严格履行合同义务,创建良好的施工环境和条件,确保按设计施工、按规程施工、按合同要求施工。所有设计变更应按规定程序经批准后实施,不得擅自修改。加强投资控制和资金管理,严格计量支付和工程造价控制,做到专款专用,专户储存,不得挤占挪用、不得拖欠工程款。

(十二)细化目标管理与责任。公路项目建设单位应根据工程特点,按单位工程、分项工程分解质量目标与管理要点，细化保证措施，健全岗位责任，落实工程质量责任登记制度，做到工程管理中各项、各环节、各部位都有技术要求、管理措施和人员责任。

（十三）加强质量安全管理。公路项目建设单位应严格执行国家有关技术标准和规范，结合项目特点制定质量和安全管理要求，依据勘察、设计、施工、监理合同，加强检查落实，实行严格问责和评价制度，督促各从业单位建立健全规章制度，落实环境保护与资源节约政策，强化质量与安全保证措施，确保管理到位。

（十四）推进信息化管理。公路项目建设单位要以科技手段、信息技术、网络管理为支撑，建立并应用覆盖公路项目建设管理全过程的信息系统，将工程质量、安全、进度、投资以及设计变更和试验检测等管理内容纳入系统，实行动态管理，提高工程现代化管理水平。

（十五）维护公众利益。公路项目建设单位在加强管理的同时，要承担必要的社会责任，维护农民工合法权益，督促施工单位按时发放农民工工资；协调处理好与相关单位及沿线群众的关系，树立公路项目建设单位的良好形象。

（十六）加强廉洁自律。公路项目建设单位应依法办事、规范管理，切实加强廉政建设，自觉接受纪检监督、行政监督、舆论监督和社会监督，落实各项廉政制度和措施；要与从业单位逐一签订廉政合同，形成公路项目建设单位与从业单位相互监督机制。

五、加强监督检查

（十七）落实建设管理责任。省级交通运输主管部门要加强监管，重点核查公路项目建设单位在质量、安全、资金、环保等方面的制度建设与执行情况，发现问题及时提出整改意见，要加快省级项目管理信息平台建设，制定统一标准，督促建设单位应以技术成熟的项目管理信息系统，动态掌握项目建设进程与管理信息、质量安全信息、质量抽检评定信息等；要提出建设资金管理与使用的全过程、全方位的监督检查，确保建设资金安全，严肃查处虚假合同、违规支付等行为。

（十八）严格工程验收工作。省级交通运输主管部门要加强对验收工作的监督管理，严格按照规范、标准和设计批复文件鉴定、审核、验收工程项目。对违规自行提高或降低建设标准，增加或减少建设规模，隐瞒工程存在的质量和安全隐患的项目，交通运输主管部门不得批准开放交通，不得通过项目竣（交）工验收，要依法追究建设单位及其相关人员的责任并记入信用档案。

（十九）执行考核评价制度。省级交通运输主管部门要结合本地区公路建设实际，制定有针对性、操作性强的考核评价办法，加强对公路项目建设单位的履职状态、管理成效的考核评价，督促建设单位完善制度、提高素质、增强管理能力，切实履行建设管理职责,维护公共安全和公众利益。考核评价指标应涵盖工程质量、安全生产、环境保护、合同管理、投资控制、廉政建设等关键内容,实行质量、安全一票否决制。

(二十)建立奖惩激励机制。省级交通运输主管部门对公路项目建设单位管理创新、质量优良、安全有序、投资节省的,要给予表彰和奖励;对管理混乱、发生质量和安全责任事故的,要依法撤换和清退有关单位和人员,并追究其责任。

六、有关要求

(二十一)分步实施。省级交通运输主管部门要对照高速公路项目建设单位的资格标准,在2011年底前对本地区在建设高速公路(含独立特大型桥梁、隧道)项目建设单位进行全面核查,对不符合要求的建设单位要责令改正,确保各建设单位派驻工程现场的管理机构和管理人员条件合格、素质过硬、管理规范。

(二十二)重点督查。从2012年上半年开始,部将结合公路建设市场督查,对高速公路(含独立特大型桥梁、隧道)项目建设单位的管理能力、管理行为、管理成效进行抽查,切实增强建设单位的素质能力,提高公路建设管理水平。

(二十三)考核评价。省级交通运输主管部门要按照强化管理、落实责任、切实推进的原则,不断深化公路项目建设单位的考核评级工作,建立公路项目省级建设管理人才库,2011年底前将考核评价办法报部。

从2012年开始,各省级交通运输主管部门要对高速公路(含独立特大型桥梁、隧道)项目建设单位开展年度考核评价,评价结果计入公路建设市场信用评价体系,并于年底前报部,确保管理项目建设单位考核评价工作取得实效。

(二十四)本意见自2011年10月1日起实行。原交通部2001年9月30日公布的《公路建设项目法人资格标准(试行)》(交公路发〔2001〕583号)同时废止。

B.4 交通运输部关于加强公路水运工程质量和安全管理工作的若干意见

(交安监发〔2014〕233号)

为进一步提高公路水运工程质量和安全生产管理水平,推动交通运输科学发展、安全发展,现就加强公路水运工程质量和安全管理工作提出如下意见:

一、总体要求

(一)指导思想。以确保工程质量、安全为目标,以质量和安全问题为导向,贯彻全寿命周期成本理念和安全责任理念,强化底线、红线意识,严格执行工程质量和安全的法规制度和标准,加强公路水运工程质量和安全管理,提升公路水运工程安全性、可靠性和耐久性,切实推进交通建设科学发展、安全发展和可持续发展。

(二)基本原则。

质量为本,安全为先。坚持把确保工程质量和安全放在公路水运工程建设发展的首位,落实工程质量和安全一票否决制,坚持工程进度和资金投入服从工程质量和安全。

预防为主,防治结合。实施公路水运工程质量和安全风险管理,注重源头防控,完善质量和安全保障条件;健全隐患排查机制,强化治理措施,及时消除质量和安全隐患。

落实责任,完善机制。落实从业单位的主体责任,强化公路水运工程质量和安全的政府监管责任;健全考核评价制度,加强信用体系建设,完善管控机制。

技术引领,创新管理。注重技术创新和信息化技术应用,切实推进和实施现代工程管理;创新公路水运工程质量和安全管理机制,营造工程质量和安全文化氛围。

(三)总体目标。用3年左右的时间,进一步完善工程质量和安全管理规章制度,落实工程质量和安全责任;完善信用体系建设,实现从业单位和关键人的质量安全信用与市场监管联动;全面推行高速公路、大型水运工程施工标准化和"平安工地"创建活动,覆盖率达到100%;总承包和专业承包施工企业安全生产标准化考核全面达标;重大及以上质量和安全责任事故得到有效遏制,较大和一般责任事故明显下降;国家重点工程项目一次交工验收合格率达到100%,其他工程项目达到98%以上,工程耐久性指标明显提升。

二、把握关键,夯实工程质量和安全基础

(四)强化质量和安全基本保障。建立工程项目合理工期科学论证制度,保障关键工序施工作业的有效时间,严禁擅自压缩合理工期。把建设资金到位、建设用地落实、社会稳定风险可控列入工程实施的重要基础条件,条件不满足不得开工。

(五)强化质量和安全职责落实。在工程项目管理、实施、监督等层面全面推进工程质量和安全职责的机构落实、制度落实、人员落实、责任落实。全面实行工程质量和安全责任登记制度,健全责任档案,把工程质量和安全责任制落实到人。

(六)强化一线作业人员教育培训。施工单位应履行对从业人员教育培训的法定职责,强化一线作业人员守法守规意识,提升专业技能和安全知识。实施关键岗位一线作业人员岗前培训,保证岗位操作程序、质量要求、安全风险、防范措施等明确交底到每个人。

(七)强化质量和安全信用体系建设与管理。完善质量和安全信用信息采集评价机制,建立健全信息平台,实现信息互通共享,将工程质量和安全与企业信誉、市场准入挂钩,形成有效约束机制。对发生重大质量和安全事故,存在重大隐患或未整改到位、质量和安全严重违法违规行为的参建单位及项目法人、项目经理、项目总监、项目勘察设计负责人等实行"黑名单"制度并公布。

三、落实责任,加强工程项目质量和安全管理

(八)建设单位对工程质量和安全管理负总责。推行现代工程管理,提升专业化管理能力,实施质量和安全风险管理。履行基本建设程序,健全工期调整和工程变更管理制度,开展质量、安全检查和隐患排查治理,落实整改措施、责任和时限,督促整改到位。招标及合同文件明确工程质量和安全目标及责任、施工标准化和"平安工地"创建要求及相关费用,并组织实施到位。

(九)勘察设计单位对勘察设计质量负主体责任。坚持地质选线、选址,实施全寿命周期成本设计。加强对勘察设计工作的过程管理,完善勘察设计质量后评估制度。落实设计安全风险评估制度,对存在重大工程质量和安全风险的部位进行专项设计,明确控制要点和保障要求。加强设计交底和驻场服务,根据施工进展和质量、安全风险提出相应要求和建议。

(十)施工单位对施工质量和安全负主体责任。建立质量和安全管理体系,落实岗位责任。依法规范管理施工分包和劳务合作,严禁以包代管。落实长大桥隧、高边坡、深基坑、大型临时围堰等施工安全风险评估制度,建立危险性较大工程专

项施工方案专家审查机制。推行施工现场动态预警法,运用信息化手段进行工程风险监控和预报预警。加强施工管理,落实施工方案,强化质量自检自控。隧道开挖、梁板架设、沉箱安装、水下爆破等风险较大工序实行项目负责人在岗带班制度。发现严重违规操作行为,直接追究项目负责人和专职安全员责任,并对企业信用扣分。规范安全生产专项经费管理,定期公示使用情况。

（十一）监理单位须严格履行现场监理责任。加强对驻地监理机构业务指导和管理考核,逐级落实监理责任。驻地监理机构和人员须依法、依合同、依职责和监理规范开展监理工作,严格监理程序,严格危险性较大工程专项施工方案的审查,严格隐蔽工程和关键部位质量抽检和工序验收。发现质量、安全问题和隐患应及时督促整改、严格验收,确保监理指令闭合。

（十二）试验检测机构要严格落实试验检测工作责任制。加强能力建设,健全试验检测数据报告责任人制度,依法、依规、依合同开展试验检测工作,客观反映工程质量,为工程实施提供指导。试验检测机构须落实工地试验室标准化建设要求,对试验检测数据报告真实性负责。工地试验室存在出具虚假试验检测数据报告等违规行为的,要计入试验检测机构信用评价,并与机构等级管理挂钩。

四、加大力度,强化工程质量和安全监管

（十三）落实工程质量和安全监管责任。各级交通运输主管部门要细化落实监管责任,健全监管工作程序,建立监管工作台账,完善监管绩效考核机制。加强工程质量和安全督查,深化隐患排查治理,分级分类建立质量和安全问题及隐患清单,对重大问题或隐患实施挂牌督办,落实质量、安全一票否决制。定期对存在较大质量和安全风险的落后技术、落后工艺和工程产品等开展风险评估,并公布相关目录。

（十四）曝光质量和安全违法违规行为。各级交通运输主管部门应健全工程质量和安全违法违规行为曝光制度,形成一处失信处处受限的监管机制。对于公路水运工程建设市场督查、质量和安全督查发现的违反基建程序、招投标行为违规、压缩工期、偷工减料、试验检测数据报告造假、主要材料或产品质量不合格、严重违规操作、存在重大质量和安全隐患或整改不力、发生重大质量或安全事故的建设、勘察设计、施工、监理、试验检测、材料供应等单位及责任人予以公开曝光。

（十五）严格质量事故查处和责任追究。完善工程质量事故报告和查处通报制度。对擅自简化基建程序、压缩工期、降低质量标准等造成重大质量事故或重大隐患的责任人要严肃行政问责。对因违法违规行为造成重大质量事故或重大隐患的责任单位,采取通报、约谈、挂牌督办、重点监管、列入"黑名单"、依法取消其参加依法必须进行招标的项目的投标资格并予以公告。情况严重的,建议有关部门降低或吊销相应资质,并严查事故背后的腐败问题。触犯法律的,要依法追究相关责任人的法律责任。

(十六)做好生产安全事故处理工作。发挥行业主管部门专业技术优势,组织或参与事故调查,按照"四不放过"原则,做好事故处理工作,依法依规严肃行政问责和责任追究。建立健全生产安全事故、重大安全隐患的查处督办制度,采取通报、约谈、挂牌督办、重点监管等措施,提升安全监管工作实效。

五、强化措施,增强质量和安全工作保障

(十七)强化组织领导。各级交通运输主管部门要加强组织领导,牢固树立底线思维和红线意识。明确工程质量和安全一把手负责制,推进各项制度措施落实,及时解决工程质量和安全突出问题,强化组织保障。

(十八)完善法规制度。鼓励地方制定完善本地区的工程质量和安全法规制度。坚持顶层设计和问题导向,研究工程质量和安全相关规章制度执行中存在的问题,不断调整完善,提高针对性和可操作性,强化制度保障。

(十九)强化科技支撑。着力开展公路水运工程质量和安全形势评估预警,施工质量和安全风险源辨识、评估与控制技术,质量和安全控制与信息化监管技术,工程耐久性设计、评价与保障技术,隐蔽工程检测检验技术与装备等研究,加强先进、成熟、适用科技成果的推广应用,为强化工程质量和安全工作提供科技支撑。

(二十)强化监管队伍建设。明确工程质量和安全监督机构的行政执法地位和监管职能,公示执法内容和程序,加强执法队伍培训。落实国家相关规定,将工程质量和安全监督执法人员经费及工作经费纳入同级财政预算,强化监管能力保障。

(二十一)强化质量和安全文化建设。坚持生命至上、质量为本的理念,宣传典型成功经验,开展事故警示教育,形成内化于心的工程质量、安全和诚信意识,构建外化于行的"全员保质量、人人要安全"的自觉行动,强化工程质量和安全文化的基础性保障作用。

B.5 交通运输部关于深化公路建设管理体制改革的若干意见

(交公路发〔2015〕54号)

为深入推进交通运输改革,全面推行现代工程管理,提高公路建设管理水平,现就深化公路建设管理体制改革提出如下意见：

一、深化改革的指导思想和基本原则

(一)指导思想。

贯彻落实党的十八大、十八届三中、四中全会精神,按照全面深化改革、全面推进依法治国、推进国家治理体系和治理能力现代化的总体要求,处理好政府和市场的关系,使市场在资源配置中起决定性作用和更好发挥政府作用,以完善市场机制、创新管理模式和政府监管方式、落实建设管理责任为重点,改革完善建设管理制度,建立与现代工程管理相适应的公路建设管理体系,为促进公路建设科学发展、安全发展提供制度保障。

(二)基本原则。

依法管理。完善公路建设管理相关法律法规,推进公路建设法治化,做到依法建设,依法管理,依法监督。

责权一致。明确公路建设项目相关主体的责权,做到责权对等、责任落实。

科学高效。整合项目管理职责,减少管理层级,创新管理模式,推行专业化管理,提高管理效能和建设管理水平。

公开透明。健全和规范公路建设市场,加强政府监管,规范权力运行,铲除公路建设中滋生腐败行为的土壤和条件。

二、完善公路建设管理四项制度

(三)落实项目法人责任制。

公路建设项目法人由项目出资人和项目建设管理法人组成。项目出资人依法履行出资人职责;项目建设管理法人是经依法设立或认定,具有注册法人资格的企、事业单位,负责公路项目的建设管理,承担工程质量、安全、进度、投资控制等法定责任。

公路建设项目应实行项目法人责任制。对于目前由地方政府或交通运输主管部门直接负责建设管理的国省干线公路、农村公路项目,应按照政企分开、政事分开、监管与执行分开的原则,逐步过渡到由公路管理机构履行项目建设管理法人职责,或通过代建方式由专业化的项目管理单位负责建设。

按照项目投资性质,政府作为出资人的,应依法确定企业或事业单位作为建设管理法人;企业作为出资人的,应组建项目建设管理法人。项目建设管理法人应具备与项目建设管理相适应的管理能力,并承担项目建设管理职能及相应的法律责任。当项目建设管理法人不具备相应的项目建设管理能力时,应委托符合项目建设管理要求的代建单位进行建设管理,并依法承担各自相应的法律责任。项目法人在报送项目设计文件时,应将项目建设管理法人相关资料作为文件的组成内容一并上报。交通运输主管部门在设计审批时,应对项目建设管理法人的管理能力情况进行审核。对不满足项目建设管理要求的,应按规定要求其补充完善或委托代建。

地方交通运输主管部门应按照交通运输部《关于进一步加强公路项目建设单位管理的若干意见》(交公路发〔2011〕438号),结合本地区实际及具体项目情况,制定针对项目的建设管理能力要求,主要包括项目管理机构组成、职责分工、项目负责人等关键岗位人员的配置及资格、工程建设管理经验等方面内容。

交通运输主管部门要以项目为单位对项目建设管理法人和法人代表及项目管理主要人员开展考核和信用评价,不断完善对项目建设管理法人的监督约束机制和责任追究机制。考核内容涵盖项目建设管理法人和主要负责人的管理行为和项目建设的质量、安全、进度、造价等控制情况。通过考核激励和责任追究,强化项目建设管理法人的主体意识和责任意识,提高项目管理专业化水平。

(四)改革工程监理制。

坚持和完善工程监理制,更好地发挥监理作用。按照项目的投资类型及建设管理模式,由项目建设管理法人自主决定工程监理的实现形式。

明确监理定位。工程监理在项目管理中不作为独立的第三方,监理单位是对委托人负责的受托方,按合同要求和监理规范提供监理咨询服务。

明确监理职责和权利。监理工作是项目建设管理工作的重要组成部分。监理单位根据项目建设管理法人要求,按照合同约定的权利和义务,依法、依合同开展监理工作。工程施工质量和安全的第一责任人是施工单位,勘察设计质量和安全的第一责任人是勘察设计单位,监理单位依法承担监理合同范围内规定的相应责任。

调整完善监理工作机制。监理工作应改进方式,以质量、安全为重点,加强程序控制、工序验收和抽检评定,加强对隐蔽工程和关键部位的监理,精简内业工作量,明确环境监理和安全监理工作内容,落实对质量安全等问题的监督权和否决权。

引导监理企业和监理从业人员转型发展。引导监理企业逐步向代建、咨询、可行性研究、设计和监理一体化方向发展,拓展业务范围,根据市场需求,提供高层次、多样化的管理咨询服务。政府部门也可通过购买服务的方式委托监理企业开展相关工作。深化监理人员执业资格制度改革,提高监理人员的实际能力、专业技术水平和职业道德水平。引导监理市场规范有序发展,维护监理企业的合理利润和监理人员的合理待遇。

(五)完善招标投标制。

坚持依法择优导向。遵循"公平、公正、公开、择优"原则,尊重项目建设管理法人依法选择参建单位的自主权。改进资格审查和评标工作,加强信用评价结果在招投标中的应用,采取有效措施防止恶意低价抢标、围标串标。大力推进电子招投标,完善限额以下简易招标制度。加强对评标专家的管理,实行评标专家信用管理制度。

健全规章制度体系。加快制定公路建设项目代建、设计施工总承包招投标管理办法及标准招标文件,加快修订施工、设计、监理等招投标管理办法。对出资人自行设计和施工的项目,要进一步完善投资人招标等有关规定。

加强政府监管。交通运输主管部门要按照当地政府的有关规定,具备条件的公路建设项目招投标应进入公共资源交易市场。要依法纠正招投标中的违法行为,不得干预招标人的正常招标活动。要坚持信息公开,鼓励社会监督,规范招投标行为。

(六)强化合同管理制。

各级交通运输主管部门和从业单位应强化法律意识和契约意识,杜绝非法合同、口头协议和纸外合同等不规范现象。不断完善合同管理体系,研究制定《公路建设项目合同管理办法》,健全标准合同范本体系,制定代建、设计施工总承包、公路简明施工等标准合同范本,坚持以合同为依据规范项目建设管理工作。

加强对合同谈判、签订、履行、变更、结算等全过程管理,进一步完善工作机制和管理制度,注重培养合同管理人才,提高合同管理的科学化水平。强化合同执行情况的监督,通过履约考核、信用评价、奖励处罚等措施,督促合同双方履约守信。

三、创新项目建设管理模式

根据公路建设实际和投融资体制改革的要求,为提高项目管理专业化水平,各地可结合本地区实际情况和建设项目特点选用以下三种项目建设管理模式。同时，为进一步激发社会资本活力，鼓励各地进一步探索政府和社会资本合作（PPP）模式等新的融资模式下的其他有效建设管理模式。

（七）自管模式。由项目建设管理法人统一负责项目的全部建设管理工作和监理工作。项目建设管理法人必须具备相应的管理能力和技术能力，并配备具有相应执业资格的专业人员，能够完成项目管理全部工作，包括《公路工程施工监理规范》规定的相关工作，对项目质量、安全、进度、投资、环保等负总责。根据建设项目的规模和技术复杂程度，项目建设管理法人应依据自身监管能力从具有相应资质等级的监理单位聘请有相应资格的监理人员负责监理工作。

（八）改进的传统模式。由项目建设管理法人通过招标等方式，选择符合相应资质要求的监理单位对项目实行监理。按照监理制度改革的新要求，在监理合同中应明确项目建设管理法人与监理单位的职责界面，项目建设管理法人对项目建设管理负总责，监理单位受其委托，按照合同约定和授权依法履行相应的职责。

（九）代建模式。由出资人或项目建设管理法人通过招标等方式选择符合项目建设管理要求的代建单位承担项目建设管理工作。代建单位依据代建合同开展工作，履行合同规定的职权，承担相应的责任。鼓励代建单位统一负责项目建设管理工作和监理工作。

（十）建设管理模式确定程序。项目法人在向交通运输主管部门报送设计文件时，应明确拟采用的建设管理模式（包括相应的监理选择方式）并提交相关的材料。设计文件批复时要明确项目建设管理模式，以及建设管理法人、法人代表及项目主要负责人等，采用代建模式的，应明确代建单位及主要负责人等。项目建设管理模式、项目建设管理法人等变更时，应报原审批设计文件的交通运输主管部门备案。

四、逐步推行设计施工总承包方式

（十一）各级交通运输主管部门应鼓励项目建设管理法人根据项目特点，科学选择工程承发包方式，逐步推行设计施工总承包。设计施工总承包单位应按有关规定通过招标等方式确定，由其负责施工图勘察设计、工程施工和缺陷责任期修复等工作。要通过合同明确项目建设管理法人与总承包单位的职责分工和风险划分。设计施工总承包可以实行项目整体总承包，也可以分路段实行总承包，或者对机电、房建、绿化工程等实行专业总承包。实行设计施工总承包方式，要深化初步设计及概算工作，加强设计审查及设计变更管理，确保质量安全标准不降低，工程耐久性符合要求。探索推行设计、施工和固定年限养护相结合的总承包方式。

五、建立健全统一开放的公路建设市场体系

(十二)完善公路建设市场信用体系。

加强信用信息的基础性建设工作。完善全国统一的从业单位和从业人员数据库,利用信息化手段,实现信息共享,做到市场主体信用信息公开、透明、有效。规范信用信息的应用管理,完善守信激励和失信惩戒的相关制度。

要拓展对市场主体的评价工作。做好对勘察设计、施工、监理、试验检测等单位的信用评价工作,试行对项目建设管理法人、代建单位的信用评价,并将各市场主体的信用情况与招投标、资质审查等工作挂钩。

建立主要从业人员信用评价体系。对项目建设管理法人、代建单位、勘察设计、施工、监理及试验检测等各参建单位的项目负责人、技术负责人、安全生产负责人及其他关键岗位负责人等主要从业人员,建立个人执业信息登记和公开制度,开展个人信用评价,将评价结果计入个人信用信息档案,并与招投标等工作挂钩。大力整治从业人员非法挂靠、虚报资格(质)、履约不到位等问题,以净化市场环境。

(十三)加强代建市场的培育。各级交通运输主管部门要建立健全代建项目管理的规章制度,推进项目管理专业化。要通过政策引导和有效管理,促进代建市场规范有序发展。

(十四)加强从业人员管理工作。交通运输主管部门、项目法人及有关从业单位应充分考虑不同层次、不同岗位从业人员的差别化需求,加强各类培训和经验交流。公路建设项目各参建单位对一线操作人员要积极创造学习条件,定期举办技术交流培训,促使操作人员熟练掌握工作技能,不断提高文化和职业素质。

(十五)完善工程保险制度。根据项目规模、技术复杂程度、企业业绩、管理水平等,逐步实行差别化保险费率和浮动费率。通过市场风险管理机制,促使企业增强品牌意识、诚信意识和法律意识,规范市场行为。

六、强化政府监管

(十六)强化事中事后监管。各级交通运输主管部门要按照行政管理体制改革要求,逐步精简事前审批事项,减少市场准入限制,加强对项目的事中事后监管,特别是对项目出资人资金到位情况、招标投标、设计审查、工程变更、工程验收等关键环节的监管,重点整治招投标中的非法干预、暗箱操作、围标串标行为,以及试验数据和变更设计造假、层层转包和非法分包、虚报工程量、多计工程款等违法违规行为,加强对工人工资支付情况的监管。实行项目建设管理法人及其他参建单位责任登记制度,细化、分解相关单位及人员的责任。建立工程质量终身责任追究制度和工程造价监督管理制度,完善设计变更管理制度、工程项目信息公开制度和材料设备阳光采购制度。对存在违法违规行为的参建单位和个人要依法严惩,列入"黑名单",给予限期不准参加招标投标、吊销资质证书、停止执业、吊销执业证书等相应处罚。

（十七）创新监管方式。要研究制定针对新的项目管理模式和新的融资方式的建设项目的监管模式、重点和措施,对社会资本投资的项目,要制定相应的监管方案,明确监管单位、人员、职责和监管措施,提高监管的针对性。要认真审核特许经营协议中关于质量、安全、工期、环保、检测频率等内容条款,明确项目建设管理法人的相关责任、义务和权利。严格审查技术标准、建设规模和重大技术方案,重点加强对建设程序执行、建设资金使用、质量安全等措施的监管。必要时政府可通过招标等方式选择第三方专业机构,提供技术审查咨询、试验检测等相关技术服务,丰富监管手段,有效发挥监管作用。

七、有关要求

（十八）提高思想认识,加强组织领导。省级交通运输主管部门要高度重视公路建设管理体制改革工作,按照部公路建设管理体制改革的总体部署,因地制宜地制定本地区改革实施方案,明确责任、精心组织、狠抓落实,推进公路建设管理体制改革不断深化。

（十九）积极开展试点,稳步推进改革。省级交通运输主管部门要结合本地区实际情况组织开展自管模式、代建模式、监理改革和设计施工总承包等试点工作,改革试点方案报部备案。处理好改革、发展、稳定的关系,既要积极推进改革,又要稳妥可靠,既要做好改革的顶层设计和总体规划,又要因地制宜提出具有可操作性的解决方案。要跟踪试点进展情况,及时研究解决试点中发现的问题,总结经验,完善制度,加以推广。

（二十）完善法规体系,实现依法建设。根据公路建设管理体制改革的总体要求,结合试点情况,及时修订有关法规、规章及规范性文件,完善管理制度,细化配套措施,健全法规体系,不断提升公路建设管理水平,实现公路建设管理的法制化。

B.6 交通运输部办公厅关于加强公路水运工程质量安全监督管理工作的指导意见

(交办安监〔2017〕162号)

公路水运工程质量监督管理制度是保证工程质量的重要保障,强化工程质量安全监督管理是各级交通运输主管部门的法定职责。近年来,各级交通运输主管部门高度重视并持续加强工程质量安全监督管理,不断完善工程项目质量保证体系和政府监督管理机制,工程质量管理水平不断提高,安全形势总体稳定。但也要看到,当前公路水运工程质量安全事故时有发生,工程建设市场管理仍有待加强,部分参建单位重经营、轻质量现象仍较为突出,违法违规行为仍屡禁不止;随着投资模式的多元化,利益格局日趋复杂,违法违规行为更加隐蔽,监管难度不断增大;部分地区存在麻痹松懈思想,对工程质量安全监管工作重视程度有所下降,监督管理条件不能有效保障,工程质量安全监督管理力度有弱化趋势。为贯彻落实党的十九大提出的交通强国、质量强国精神,以及《中共中央国务院关于开展质量提升行动的指导意见》(中发〔2017〕24号)、《国务院办公厅关于促进建筑业持续健康发展的意见》(国办发〔2017〕19号)、《公路水运工程安全生产监督管理办法》(交通运输部令2017年第25号)、《公路水运工程质量监督管理规定》(交通运输部令2017年第28号)等要求,全面加强公路水运工程质量安全监督管理工作,提升质量监督工作保障能力,建立完善专业化、职业化的专家型质量监督队伍,确保工程质量安全。经交通运输部同意,提出以下意见:

一、落实质量监督管理工作责任

(一)落实行业质量监督管理责任。

各级交通运输主管部门要依法履行公路水运工程质量监督管理责任,认真贯彻国家有关工程质量监督管理的方针政策和法规制度。地方各级交通运输主管部门要规范基本建设程序,坚持科学论证、科学决策,保证合理的设计周期和施工工期,为工程质量提供基本保障。要健全工程质量监督管理机制,强化工程建设全过程质量监督管理工作。对于按照法律法规规定授权或委托质量监督机构开展工程质量监督工作的,要保障质量监督机构依法独立公正行使监督权,依法依规完善质量监督管理工作责任清单和权力清单,对质量监督机构履职情况开展绩效考核。

(二)强化工程项目质量监督管理责任。

地方各级交通运输主管部门应确保公路水运工程项目质量监督工作全覆盖。地方各级质量监督机构在建设期内要根据项目特点和实际,每年至少对所有监督的在建项目开展一次监督检查。强化建设单位首要责任和勘察、设计、施工等单位主体责任的落实,切实落实工程质量终身责任制。

二、完善法规制度和标准规范

(三)健全质量安全监督管理法规制度。

各级交通运输主管部门要严格落实国家和行业有关工程质量安全监督管理法律法规和规章制度,制定完善配套管理制度。建立健全工程质量安全监督管理制度体系,积极推进工程建设质量安全监督管理的地方立法工作,为切实做好工程建设质量安全监督管理工作提供法规和政策依据。制定本地区的质量发展纲要,明确质量发展目标,健全公路水运工程项目企业负责、政府监管、社会监督的工程质量安全保障体系。完善行政处罚自由裁量权基准,落实行政执法听证和复议制度,规范行政执法行为。

(四)制修订工程质量安全标准规范。

各级交通运输主管部门要结合地方特色和发展实际加快完善公路水运工程质量安全技术标准规范体系,及时总结、推广保证工程质量安全成效明显的新技术、新材料、新设备、新工艺,积极制定地方标准,鼓励制定高于推荐性标准的团体标准或企业标准,为工程质量安全提供强有力的技术支撑。对有利于加强行业管理的技术和工艺等,要尽快纳入行业技术标准体系。

三、加强工程质量监督工作

(五)推行工程项目监督组制度。

各级交通运输主管部门或其所属的质量监督机构对工程项目开展监督检查,实行工程项目监督组责任制。质量监督机构应结合实际,设立工程项目监督组,建立健全项目监督工作责任制度,落实监督管理职责。公路水运工程质量监督管理受理通知书中应当明确工程项目监督负责人和工程项目监督组组成人员,工程项目监督组一般不少于2名质量监督机构专业技术人员,可聘请行业技术专家提供专业技术支撑。制定工程项目质量安全监督工作计划,确定检查内容、方式、频次以及工作要求等。施工现场应公告监督单位、监督负责人和联系方式,接受社会举报和投诉建议。

（六）强化工程项目质量监督检查。

各级交通运输主管部门应当制定本地区年度质量监督工作计划。其所属的质量监督机构应当制定质量监督工作规则，规范质量监督工作。结合工程特点、专业属性、质量安全风险领域，采取暗查暗访、突击检查、专项督查、信息化监督、双随机等多种监督检查方式，重点加强工程质量保证体系运行、影响结构安全及耐久性的关键部位和工序、合同履约、工地试验室标准化建设等的抽查抽检工作。健全工程质量违法违规行为记录及公布制度，加大行政处罚等政府信息公开力度。通过通报、约谈、处罚等多种形式，加大对参建单位和人员违法违规行为的处罚力度。

（七）加强工程项目信用管理。

各级交通运输主管部门按照行业公路水运工程信用管理体系，完善工程信用管理相关制度。规范参建单位信用评价信息征集、更新、发布、管理等工作，完善工程项目信用档案，推动信用信息共享，按规定将有关信用信息纳入交通运输信用信息共享平台。

四、加强工程质量和施工安全管理工作

（八）推进品质工程建设。

各级交通运输主管部门应督促和引导公路水运工程项目按照"品质工程"创建活动的总体要求，大力推广性能可靠、先进适用的"四新"技术，着力提高工程结构安全性和耐久性。加强施工班组规范化、标准化建设，建立班组人员实名制和班组质量责任制。研究制定落后淘汰工艺工法目录，不断提升工程建设技术水平。

（九）深化平安工地建设。

各级交通运输主管部门应督促公路水运工程项目认真落实安全生产管理责任，督促从业单位落实安全生产专项经费，实施施工安全风险评估制度，强化工程项目全过程风险防控，严格执行风险等级告知制度，在重点部位设置风险告知牌，强化全员风险意识，加强施工过程安全风险监控。深入推行施工安全标准化管理，认真组织开展平安工地达标考核工作。树立"隐患就是事故"理念，完善事故隐患判定标准，提高隐患排查针对性，落实重大隐患挂牌督办制度，强化事故隐患排查治理闭合管理，落实责任，巩固治理成效。工程项目施工单位要建立兼职的应急队伍，开展各类应急演练。

五、推动工程监管机制创新

（十）创新工程质量监督方式。

各级交通运输主管部门及其所属质量监督机构要针对质量安全薄弱环节实行

差别化监督管理,对工程管理薄弱的项目、合同段和信用较差的市场主体应加大监督检查频率,增强监管针对性。选择特许经营等 PPP 项目开展工程项目监理单位向质量监督机构报告工程质量安全情况的试点工作。各地可结合实际视情况,通过政府购买服务方式,委托具备条件的社会专业力量配合开展工程质量安全监督检查、工程检测。

(十一)探索特许经营项目的监管方式。

针对特许经营等 PPP 项目的项目公司与施工单位存在特定关系的特点,细化 PPP 项目管理要求,交通运输主管部门或有关单位可以接受政府授权作为项目实施机构,可以采取对项目监理单位或中心试验室试验检测服务进行直接招标等措施,对工程质量进行监控,明确界定监理单位、中心试验室与项目公司、施工单位在项目中的管理关系和管理职责。加大监督管理力度,强化与安监、财政、审计、环保等部门的协同监管机制,确保工程质量安全。

(十二)加强监督管理信息化建设。

地方各级交通运输主管部门推行"互联网+监管",建立质量安全监督管理信息系统,提高质量安全监督管理信息化水平。推进工程项目"智慧工地"建设,推动工程项目应用建筑信息模型(BIM)技术。积极推广工程监测、安全预警、机械设备监测、隐蔽工程数据采集、远程视频监控等信息化设施设备在施工管理中的应用。

六、提升监督保障能力

(十三)强化质量监督体系建设。

各地交通运输主管部门应积极争取地方人民政府和相关部门支持,依法完善省、市、县三级公路水运工程质量监督管理体系建设,明确监督管理范围和监督管理职责,根据工程投资额、建设规模等配足监督力量。结合实际,采取属地监管、分级监管、协同联合监管等方式,切实履行质量监督工作职责。建立完善质量监督机构工作考核机制,强化对基层监督工作尤其是县级质量监督工作的指导力度,加强业务指导与技术交流。

(十四)提升质量监督管理能力。

地方各级质量监督机构从事监督管理工作的专业技术人员数量应不少于本单位职工总数的 70%,且专业结构配置合理,满足监督管理工作专业需要。应采取有效措施保持质量监督队伍的稳定。鼓励和提倡上下级质量监督机构人员交流,促进质量监督人员业务水平提高。制定质量监督人员年度培训计划,开展质量监督人员业务培训和继续教育,原则上每 3 年对质量监督人员轮训一次,提高质量监督人员综合素质和执法水平。推进监督工作标准化、执法检查规范化,提高质量监督工作水平。

(十五)强化质量监督工作保障。

各级交通运输主管部门应按照国家有关规定,协调有关部门解决质量监督管理工作经费和工作条件,质量监督管理工作经费应纳入同级财政预算予以保障,并落实工程质量安全监督抽检和信息化以及聘请行业技术专家等专项经费。保障特种专业技术用车和质量监督执法用车,配备手持执法仪、笔录室等执法装备和设施。加强对质量监督机构经费和车辆使用情况等的检查,规范经费使用管理,严禁经费摊派或挪作他用,发现违法违规行为,应依法依规严肃处理。